DIEGO ARAÚJO

CÓDIGOS PARA UMA VIDA EXTRAORDINÁRIA

ATIVE AS SEQUÊNCIAS NUMÉRICAS DE GRABOVOI PARA MANIFESTAR MAIS HARMONIA, AMOR, SAÚDE E ABUNDÂNCIA NA SUA VIDA

Editorial:
Luana Aquino
Estefani Machado
Tatiana Muller

Capa:
Design Editorial

Revisão:
Rebeca Benício

Ícones de miolo:
Freepik.com.br
Flaticon.com

Dados Internacionais de Catalogação na Publicação (CIP)

A663c   Araújo, Diego.
Códigos para uma vida extraordinária : ative as sequências numéricas de Grabovoi para manifestar mais harmonia, amor, saúde e abundância na sua vida / Diego Araújo. – Nova Petrópolis : Luz da Serra, 2020.
280 p. ; 23 cm.

Inclui bibliografia.
ISBN 978-65-88484-01-2

1. Autoajuda. 2. Desenvolvimento pessoal. I. Título.

CDU 159.947

Índice para catálogo sistemático:
1. Autoajuda   159.947

(Bibliotecária responsável: Sabrina Leal Araujo – CRB 8/10213)

Todos os direitos reservados. Nenhuma parte desta obra pode ser reproduzida ou transmitida por qualquer forma e/ou quaisquer meios (eletrônico ou mecânico, incluindo fotocópia e gravação) ou arquivada em qualquer sistema ou banco de dados sem permissão escrita da Editora.

Luz da Serra Editora Ltda.
Avenida Quinze de Novembro, 785
Bairro Centro - Nova Petrópolis/RS
CEP 95150-000
loja@luzdaserra.com.br
www.luzdaserra.com.br
loja.luzdaserraeditora.com.br
Fones: (54) 3281-4399 / (54) 99113-7657

DIEGO ARAÚJO

CÓDIGOS PARA UMA VIDA EXTRAORDINÁRIA

ATIVE AS SEQUÊNCIAS NUMÉRICAS DE GRABOVOI PARA MANIFESTAR MAIS HARMONIA, AMOR, SAÚDE E ABUNDÂNCIA NA SUA VIDA

Nova Petrópolis / 2021

SUMÁRIO

PREFÁCIO 11
O QUE VOCÊ VERÁ A SEGUIR TEM O PODER DE DESTRAVAR SUA VIDA..16
A LEI DA ATRAÇÃO...17
COMO TUDO COMEÇOU 29
A ESTRUTURA DO SER...32
O MÉTODO 38
ELEMENTOS IMPORTANTES...................................39
NA CONSCIÊNCIA DAS PESSOAS, EXISTEM ÁREAS QUE ESTÃO LIGADAS A CADA NÚMERO. 40
LIMPEZA INICIAL PARA ATIVAÇÃO DOS CÓDIGOS 43
COMO COMEÇAR A TRABALHAR COM OS CÓDIGOS 45
QUANTAS VEZES EU PRECISO REPETIR ESSES CÓDIGOS?.. 48
MAIS DICAS DE COMO USAR OS CÓDIGOS 50
AS VISUALIZAÇÕES SÃO FUNDAMENTAIS! 51
CONCENTRAÇÃO EM UM NÚMERO 55
PILOTAGEM/CONTROLE 57
ELEMENTOS DO CONTROLE/PILOTAGEM 60
META / OBJETIVO..60
REPETIÇÃO DAS APLICAÇÕES 62
TRABALHAR COM OUTRAS PESSOAS....................62

A FÓRMULA DA ENERGIA	66
NORMALIZAÇÃO DO PESO CORPORAL	67
PRÁTICA PARA A HARMONIZAÇÃO NOS NEGÓCIOS	68
TECNOLOGIA PARA RESOLUÇÃO DE PROBLEMAS	68
TRABALHAR COM O POLO DE CONTROLE	70
LIMPEZA DA ESFERA INTEIRA	70
PRÁTICA	72
PERGUNTAS FREQUENTES:	74
IMPORTANTE:	79
SEQUÊNCIAS EM ORDEM ALFABÉTICA	81
A	81
B	85
C	86
D	89
E	92
F	94
G	96
H	96
I	97
L	98
M	99
N	100
O	101

P	102
Q	106
R	106
S	108
T	109
V	110
MAIS SEQUÊNCIAS PARA USOS DIVERSOS	112
ESPIRITUAL	112
HARMONIZAÇÃO	117
REGULAGEM PSICOLÓGICA	120
CHEGAR RAPIDAMENTE E EM SEGURANÇA	147
CORPO ESTRANHO	148
CURA / RESTAURAÇÃO	148
DIVERSOS	149
DORES	155
EMAGRECIMENTO	156
HÉRNIA	156
HORMÔNIO	157
PROTEÇÃO	158
SISTEMA MÚSCULOESQUELÉTICO	160
TESTES / PROVAS / SUCESSO ESCOLAR	164
VÍCIOS	164
CIDADANIA	165

DIREITOS E DEVERES	165
DIREITOS SOCIAIS	166
DIREITOS CIVIS	167
DIREITOS POLÍTICOS	169
ANIMAIS	170
NEGÓCIOS	176
RECUPERAR-SE DE DOENÇAS GASTROINTESTINAIS	188
GRABOHACK	190
REJUVENESCIMENTO	191
FLACIDEZ	192
DOENÇAS E CONDIÇÕES DESCONHECIDAS	193
SEQUÊNCIAS NUMÉRICAS RESTAURADORAS PARA DIAGNÓSTICOS, DOENÇAS E CONDIÇÕES DESCONHECIDAS	193
RESTAURAÇÃO DO ORGANISMO HUMANO	194
ESTADOS CRÍTICOS	194
DOENÇAS TUMORAIS	195
SEPTICEMIA	199
SÍNDROME DE COAGULAÇÃO INTRAVASCULAR DISSEMINADA DO SANGUE	199
DOENÇA DOS ÓRGÃOS DA CIRCULAÇÃO SANGUÍNEA	200
DOENÇAS REUMÁTICAS	203

DOENÇAS RESPIRATÓRIAS	205
DOENÇAS DO SISTEMA DIGESTIVO	207
DOENÇAS DOS RINS E DO TRATO URINÁRIO	215
DOENÇAS DO SANGUE	217
DESORDENS ENDÓCRINAS E METABÓLICAS	220
DOENÇAS OCUPACIONAIS	222
INTOXICAÇÕES	223
DOENÇAS INFECCIOSAS	224
INSUFICIÊNCIA DE VITAMINAS	230
DOENÇAS INFANTIS	231
CIRÚRGICAS NA INFÂNCIA	237
DESORDENS GINECOLÓGICAS E OBSTÉTRICAS	239
DOENÇAS NEUROLÓGICAS	244
DESORDENS PSIQUIÁTRICAS	248
TRANSTORNOS SEXUAIS	251
DOENÇAS DERMATOLÓGICAS E VENÉREAS	252
DOENÇAS CIRÚRGICAS	256
DOENÇAS DO OUVIDO, NARIZ E GARGANTA	265
DOENÇAS DOS OLHOS	268
DOENÇAS DOS DENTES E CAVIDADE ORAL	272
REFERÊNCIAS BIBLIOGRÁFICAS	278

PREFÁCIO

Descobri os ensinamentos de Grigori Grabovoi há alguns anos, e desde então estudei suas técnicas profundamente, até entender como colocar em prática a fantástica estrutura informativa que ele apresenta em seus livros.

Em **Códigos Para Uma Vida Extraordinária** você encontrará centenas de sequências numéricas criadas pelo cientista russo para a Abundância, Prosperidade, Saúde, Amor e muito mais, todas elas com o objetivo de te colocar em sintonia com a vibração exata daquilo que você deseja.

Muitas vezes procuramos soluções para questões financeiras e nos vemos num ciclo de altos e baixos, e sempre parados no mesmo lugar.

Procuramos respostas até perceber que a resposta é uma só: VOCÊ!

Isso mesmo, a chave para essa transformação está dentro de você, de mim, de cada um de nós. Somos responsáveis por tudo o que vivemos, e podemos dizer que se a vida é um livro, os autores somos nós!

Que tipo de livro queremos escrever?

Uma história de sucesso?

Queremos deixar uma marca na humanidade como grandes empreendedores?

Queremos usufruir de tudo o que a vida tem de melhor?

Transformar fracassos em grandes oportunidades e novas tecnologias?

A riqueza foi definida nos tempos atuais como fruto de atitudes vergonhosas, roubo e outras ações que acabaram bloqueando o seu acesso na maioria das mentes. Mas devemos repensar sobre as associações que fazemos, porque na verdade o dinheiro, os bens materiais e o sucesso são formas maravilhosas de promover o progresso humano.

Compartilho o conteúdo desta obra para que, assim como eu, você possa encontrar a fonte da abundância e se surpreenda com uma realidade muito simples e transformadora.

Grabovoi codifica soluções, simplifica um trabalho que antes era repleto de dúvidas: "Será que consigo?" ou "Por que comigo nada acontece?".

Quando nos concentramos em seus números e focamos exclusivamente na repetição das sequências, excluímos qualquer barreira e deixamos o caminho livre para que as respostas apareçam.

Fazendo uso deste conteúdo podemos percorrer grandes distâncias, realizar sonhos e encontrar portas abertas onde antes só havia limitações.

**Abra a sua mente, boa leitura
e um grande abraço!**

Diego Araújo

O QUE VOCÊ VERÁ A SEGUIR TEM O PODER DE DESTRAVAR SUA VIDA NUMA VELOCIDADE NUNCA ANTES IMAGINADA.

Olá, eu sou o Diego Araújo, fundador do Grabovoi na Prática e um dos responsáveis por trazer essa técnica revolucionária para o Brasil.

Se você está lendo este livro é porque precisa destravar a sua vida de uma vez por todas.

Acredite ou não, mas aqui você terá a chance real de desbloqueá-la definitivamente.

Você vai entender por que todo esse sofrimento parece se repetir constantemente, quase que num ciclo infinito.

Primeiro eu preciso da sua permissão para ser bem sincero e transparente com você, porque a minha intenção aqui é te ajudar a ter uma transformação real, e não ficar te enchendo de motivação e pensamento positivo que só vão te fazer criar expectativas que logo, logo serão frustradas, quando o seu próximo boleto vencido chegar, ou quando tiver aquela discussão com quem você ama, ou quando perder seu emprego.

Você está pronto?

> # A LEI DA ATRAÇÃO NÃO VAI FUNCIONAR PRA VOCÊ.

Mas você já sabe disso. Ou pelo menos sente isso.

E eu tenho uma má notícia para te dar:

Se você não aprender o que eu vou te ensinar aqui, o tempo vai passar e a única coisa que você vai atrair é mais sofrimento e frustração para a sua vida, e aquele sentimento de incapacidade só vai crescer aí dentro.

De boleto vencido em boleto vencido, o tempo vai passar e a Dúvida e a Descrença vão germinar e crescer cada vez mais dentro de você e o seu pior medo vai se concretizar:

Você vai envelhecer pobre, sozinho e frustrado. Eu sei melhor do que qualquer pessoa o que é estudar toneladas de conteúdos sobre Energia, Lei da Atração,

Pensamento Positivo, me encher de esperança e expectativa e só colher DOR e FRUSTRAÇÃO.

Eu me lembro que cada coisa nova que eu descobria dentro do mundo de Desenvolvimento Pessoal me despertava ao mesmo tempo Esperança e Medo.

Esperança de que aquilo ia me salvar daquele buraco em que eu estava e Medo de que aquilo fosse só mais uma tentativa frustrada.

Eu não sei pelo que você está passando agora, mas se você está aqui, é porque provavelmente passou por tudo isso que eu passei.

E eu tenho uma pergunta para te fazer: "Até quando?"

Até quando você vai aguentar esse looping infinito de Esperança e Frustração?

Até quando você vai continuar se enfiando cada vez mais nessa areia movediça de correr atrás do dinheiro e ele só correr de você?

Quando eu conheci o que eu vou te ensinar aqui, a minha primeira reação óbvia foi:

"Lá vem, mais uma coisa para a minha coleção de técnicas e conceitos que eu adoro falar sobre, mas que nunca de fato mudam a minha vida."

Apesar de ter toda uma explicação científica e matemática, eu só acreditaria vendo, vivendo na pele.

Eu cheguei num ponto em que era tudo ou nada.

Eu estava disposto a dar tudo de mim e ver a minha vida finalmente acontecer, ou eu ia desistir de vez.

Cada vez que o celular tocava, meu coração disparava, pois em meio à vergonha e à raiva de mim mesmo, surgia o medo de ser a escola do meu filho ligando mais uma vez pra me cobrar as mensalidades atrasadas.

Eu lembro que estava no começo do ano e as aulas do meu filho mais velho, o João Henrique, estavam para começar e eu tinha recebido o aviso final da escola: ou eu pagava as mensalidades atrasadas e fazia a rematrícula até sexta, ou ele não passaria nem na portaria na outra segunda-feira, quando as aulas começassem.

Eu não sei o que doía mais, se era a vergonha de não conseguir nem pagar a educação do meu filho, se era a raiva, de tudo, de Deus, do Universo, de mim mesmo, ou o medo do que ia acontecer dali para a frente.

E foi nesse dia que eu falei pra mim mesmo: "É agora ou nunca".

Eu entrei de cabeça nos Códigos de Grabovoi e comecei a ativá-los.

Eu me dei essa última chance.

Chegou a sexta-feira e eu tinha passado a semana toda ativando os códigos. Pela primeira vez eu estava confiando no processo, sem deixar a dúvida me sabotar como sempre havia feito antes.

Afinal, era minha última chance.

Na época eu era funcionário na escola da minha família, e estava quase entregando os pontos quando exatamente às 14 h daquela sexta-feira eu recebia das mãos do meu chefe R$ 7.892,00 em dinheiro.

Era o valor exato que eu precisava.

Eu peguei o dinheiro quase sem acreditar e disse para ele que precisava muito ir a um lugar e pedi liberação.

Corri para a escola do meu filho, tirei as notas do bolso, coloquei na mesa da diretoria e disse: "Tá aqui, pode matricular o meu filho".

Eu saí da sala, fui caminhando até o carro e encostei na porta. Fiquei ali parado embaixo daquele sol quente da tarde, tentando processar tudo aquilo...

Eu lembro dessa cena como se fosse ontem. Eu passei a mão na cabeça e me perguntei: "Meu Deus, o que acabou de acontecer aqui?". E senti um calafrio do pé até a nuca.

Não tinha explicação. Só podia ser a técnica dos códigos de Grabovoi.

Naquela hora um milhão de fichas caíram.

Eu falei: "Caramba, eu preciso aprender tudo sobre isso. Tudo, tudo, tudo. E as pessoas também precisam saber disso".

Eu estava em êxtase. Sem reação. Na hora eu nem imaginava que no futuro eu seria um dos responsáveis por trazer a técnica para o Brasil e transformar a vida de milhares de pessoas.

Eu estava muito, muito impactado mesmo.

Depois de tantos anos, tanto perrengue, tanto sofrimento, tanta frustração, eu finalmente tinha achado algo que parecia um segredo da existência humana e funcionava de verdade.

Chega de viver de sonho. Era a hora de VIVER O SONHO, na pele, aqui, agora.

Eu entrei com tudo nos estudos. E a cada livro sobre Códigos que eu lia, eu me apaixonava mais.

Eu não conseguia parar.

Eu via as coisas começando a acontecer na minha vida e aquilo me dava mais energia, mais motivação, mais vontade de aprender.

Eu me sentia imbatível.

Na época só existia material em russo, e na melhor das hipóteses alguns em inglês.

Mas mesmo assim eu me dediquei e li livros e mais livros sobre o assunto.

Comecei a ensinar algumas pessoas próximas, pequenos grupos, e o resultado era padrão: mudanças inesperadas e extraordinárias. E um tempo depois, o mais surreal aconteceu na minha vida:

No dia 22 de outubro de 2015, eu estava recebendo o Primeiro e Único Título de Mestre Licenciado de Grabovoi, DIRETAMENTE do criador da técnica, Grigori Grabovoi, no Brasil.

Só existiam 10 pessoas no mundo com esse título, e hoje ele nem existe mais. Esse foi o respaldo de que eu estava no caminho certo, cumprindo a minha missão e o meu propósito. Eu seria o responsável por ajudar milhares de pessoas com essa técnica absolutamente revolucionária.

Desde então eu tenho testado, praticado e aperfeiçoado a técnica comigo e com milhares de alunos, até ter desenvolvido um método próprio, único e capaz de gerar resultados incomparáveis com qualquer outra coisa que você possa imaginar.

Agora, por que esse método de Grabovoi é tão poderoso e gera resultados tão rápidos e extraordinários na vida das pessoas, independentemente do seu nível de evolução?

Porque quando você trabalha a essência dos códigos, você conecta o seu subconsciente diretamente com a Matriz Divina, e ao ativar o código certo, você pode reprogramar a sua mente e a sua realidade quase que de maneira instantânea.

É como um salto quântico.

No Universo existem 4 elementos: a água, a terra, o fogo e o ar. Certo?

Errado. Nós temos 5 elementos.

O quinto elemento é a essência que dá origem aos outros 4 elementos conhecidos.

Ele é o responsável por toda a Criação, desde a menor partícula de um átomo até as maiores e mais belas criações do Universo.

Esse Elemento Oculto é o NÚMERO.

Absolutamente tudo o que existe no Universo provém de um número, de uma combinação numérica. Essa é a Matriz Divina: uma rede infinita de números e combinações numéricas que dão origem à toda realidade.

E todos nós estamos conectados à essa

matriz numérica em diferentes níveis.

A nossa consciência se comunica com a Matriz Divina constantemente e a partir disso cria a nossa própria realidade e experiências.

Isso é algo que existe desde as origens da humanidade. Os homens vêm explicando o Universo através de números há muito tempo.

Os maiores gênios da humanidade detinham esse conhecimento e o utilizavam ao seu favor.

Einstein explicou questões do Universo nunca antes entendidas através de números e fórmulas.

Leonardo da Vinci trouxe a mais sublime das belezas para a sociedade através de razões numéricas com suas pinturas quase que perfeitas.

Beethoven trouxe emoções nunca antes sentidas através de combinações numéricas em forma de música.

O matemático Fibonacci conseguiu explicar muito sobre o Universo e a natureza através do "Número Áureo", que muitos acreditam ser a maior prova da existência da Divindade.

E o que todos eles tinham em comum?

Todos eles conheciam o poder dos números e o utilizavam em suas criações.

Ao longo do tempo, essa Verdade foi tomando vários rótulos e nomes diferentes, mas ela sempre foi e sempre será uma só:

Nós estamos rodeados de uma inteligência infinita e absoluta que se conecta conosco constantemente.

Está mais do que na hora de a humanidade inteira saber disso e utilizar esse conhecimento também.

É o seu direito divino.

Muitas das pessoas que têm contato com os Códigos de Grabovoi e o utilizam da maneira certa ficam surpreendidas com a velocidade com que eles funcionam e acham que é mágica.

> A verdade é que não é mágica.
> É ciência.

É um sistema lógico muito bem estruturado.

Todo o Universo e toda a sua consciência estão mapeados na Matriz Divina e codificados numericamente.

Se você conseguir acessar a Matriz Divina da maneira correta, você será capaz de moldar a sua realidade.

E era isso que os grandes gênios faziam com maestria. Eles se conectavam com a Matriz, com a Fluidez da Vida.

Todos os grandes insights e descobertas da humanidade vieram de um estado profundo de conexão e fluidez com a Matriz.

Einstein disse:

"Penso noventa e nove vezes e nada descubro; deixo de pensar, mergulho em profundo silêncio – e eis que a verdade se me revela."

Os Códigos de Grabovoi são a senha para acessar a verdade; a senha para reprogramar a realidade diretamente na fonte.

E é por isso que eles são capazes de mudar a sua realidade de uma maneira quase que instantânea.

Mas que isso aconteça, você precisa ativar os códigos certos e da maneira correta. E eu estou aqui para te ajudar.

Toda a sua dificuldade e sofrimento são simplesmente um erro numérico entre a sua consciência e a consciência absoluta, a Matriz Divina.

Tudo o que você tem que fazer é corrigir esse erro através da senha de acesso, o Código.

É disso que se trata este livro e é isso que eu quero te ensinar aqui.

COMO TUDO COMEÇOU

GRIGORI PETROVICH GRABOVOI (nascido em 14 de novembro de 1963 no Cazaquistão) é um cientista russo, doutor em Ciências e acadêmico. Graduou-se na Faculdade de Matemática Aplicada e Mecânica da Universidade Estadual de Tashkent – com especialização em mecânica, em 1986. Possui uma formação em saúde. Ele é também um acadêmico da Academia Internacional de Informatização. Membro Correspondente da Academia de Ciências da Rússia. Conselheiro do Federal Aviation Service da Rússia.

Seus livros explicam como a descoberta do campo criativo da informação, ou da energia da consciência, podem manifestar fisicamente qualquer informação ou objeto que você desejar, assim como também aqueles que não estão sujeitos ao continuum espaço-tempo, ao converter essa informação em forma geométrica conhecida. Isso porque os números de Grabovoi podem ser usados para diagnóstico remoto, regeneração da matéria, dentro de qualquer período de tempo por meio da transformação do tempo em forma de espaço.

Os ensinamentos de Grigori Grabovoi, em "Salvação Geral e Desenvolvimento Harmônico", são tanto a salvação geral como também a salvação de cada pessoa. A realização prática dos ensinamentos está em conscientizar e tornar as pessoas ativas em relação à salvação de todos os seres humanos, mesmo que se queira alcançar paralelamente seus objetivos pessoais. Uma das finalidades de seus ensinamentos é o impedimento real de uma possível catástrofe global.

Ao usar e divulgar os princípios de Grabovoi, é possível alcançar o resultado desejado, pois cada um que age no sentido de todos, recebe do Criador a sua parte.

Segundo Grabovoi, a doença nada mais é que a desarmonia entre o que desejamos e as metas existentes no mundo exterior. Da mesma forma, a saúde é a harmonia entre o que desejamos e as metas existentes no mundo exterior, ou seja, desejarmos de acordo com a Norma do Criador.

O mundo inteiro possui uma estrutura informativa. O ser humano é uma estrutura de luz que contém informações. Existem três estruturas divinas: a Alma, o Espírito e a Consciência. Isso é uma tríade que constrói tanto o ser humano como o mundo. O ser humano pode ser reestruturado no nível informativo, onde existe sua matriz primordial, conforme o plano do Criador. Na essência, tudo foi criado perfeitamente.

O ser humano está conectado inseparavelmente com o mundo inteiro, e seus pensamentos, sentimentos e ações afetam o todo.

Quando nos colocamos em harmonia com a Norma Divina, nos recriamos interna e externamente, e dessa forma podemos modificar o mundo através da consciência.

A regeneração de qualquer órgão, e/ou sua cura, é possível porque a informação sobre o órgão saudável está armazenada para sempre num campo informativo. O corpo físico é uma estrutura manifestada que se desenvolve a partir de uma estrutura informativa da matriz primordial, no momento da Criação. Isso nos torna "filhos" ou "a imagem e semelhança" de Deus.

A ESTRUTURA DO SER

> Grabovoi relaciona os seguintes critérios:

1. O mundo inteiro tem uma estrutura informativa.

2. O homem é uma estrutura de luz que contém a informação em si mesma.

3. Existem três estruturas divinas dentro do ser humano:
Alma
Espírito
Consciência

Essa tríade constrói tanto as pessoas como o mundo em geral.

ALMA

A alma humana vem do Criador e, como parte da alma do Criador, é a parte divina repleta de harmonia. O ser humano carrega dentro de si uma parte da Eternidade. Nesse nível existem o interno e o externo, o finito e o celeste. A ação da alma é o movimento do espírito.

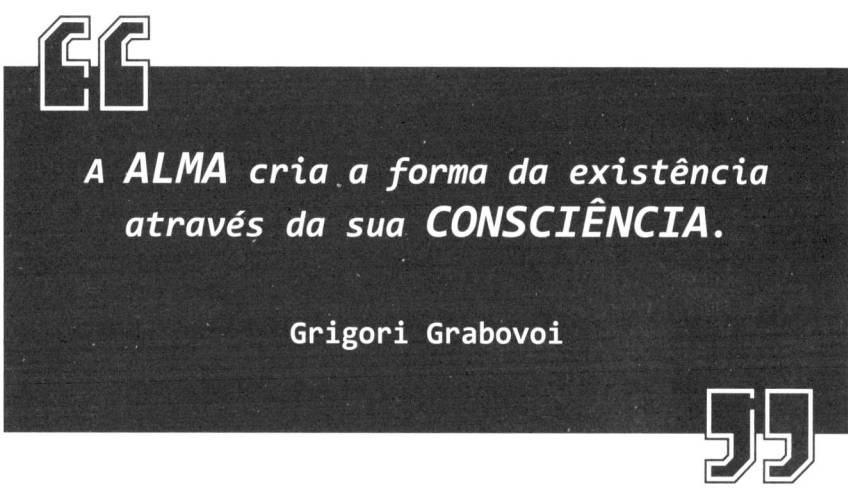

> A **ALMA** cria a forma da existência através da sua **CONSCIÊNCIA**.
>
> Grigori Grabovoi

Tudo o que tem forma e existe foi criado através da estrutura da alma. A alma é o princípio, a consciência é a estrutura, e o Criador fornece a base para tudo. A alma que divulga o conhecimento real através do espírito amplia a consciência.

ESPÍRITO

O espírito é a conexão do invisível contido na alma com a consciência visível; é a forma ativa da alma.

O espírito e a consciência são potenciais de ação da alma, que cria a partir de si mesma. A alma gera qualquer forma de existência através deles. O espírito parte da alma como se fosse uma atividade desta e a consciência reflete a sua luz. A passagem da alma para a consciência acontece no espaço do coração da alma (o segundo coração, ao lado do coração anatômico). Através da concentração do espírito, nascem objetos na realidade física.

CONSCIÊNCIA

A alma pode controlar o corpo físico através da consciência. Sendo assim, o corpo humano é a parte materializada da respectiva alma que está em correlação com ela através da estrutura do espírito. De um ponto de vista amplo, a consciência é a formação da estrutura da alma partindo do espírito, que une a matéria espiritual e física. É parte da alma e está contida nela. Também o ser humano é parte da alma, ele é espírito e consciência.

★ **A consciência comum** reconhece a realidade como algo que está armazenado historicamente e em que está espelhada. O resultado é uma imaginação sobre o mundo sob a forma de um valor médio das imaginações de todos os seres humanos.

★ **A consciência expandida** percebe o mundo entre suas áreas visíveis e invisíveis. Através desse olhar mental, ela pode controlar processos no nível micro e macro ao mesmo tempo.

★ **A consciência verdadeira** espelha a estrutura inteira do mundo. Assim que um ser humano alcança esse nível da verdade, ele tem a possibilidade de controlar processos físicos através das suas capacidades psicofísicas e mentais. A consciência verdadeira recebe impulsos, processa-os e gera ou transforma a respectiva matéria, às vezes em poucos minutos. Nesse momento não é o mundo que determina a estrutura do ser humano, mas o ser humano que a determina.

Podemos transformar o mundo através da nossa consciência e percepção, porque ela é um programa criativo que o Criador instalou no ser humano. Tudo está contido na nossa existência consciente. Da forma como percebemos o mundo, o mundo se comporta para nós. Ele responde ao desejo do ser humano de viver em harmonia.

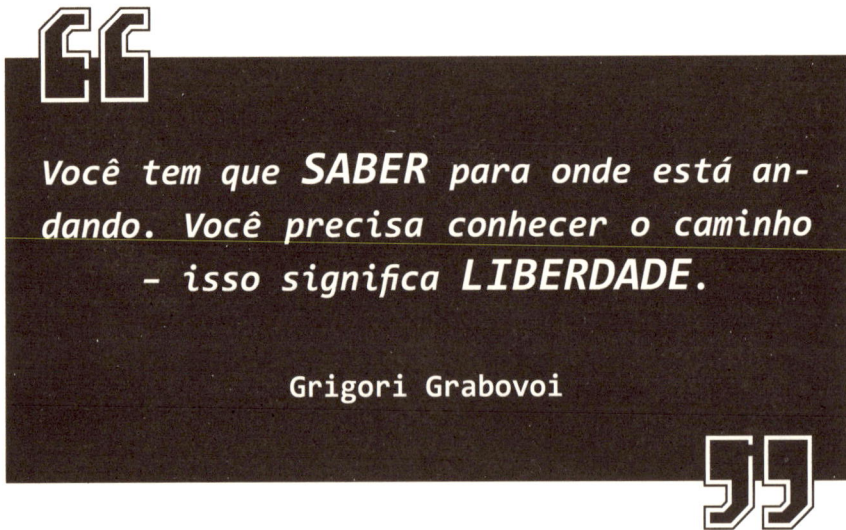

Você tem que SABER para onde está andando. Você precisa conhecer o caminho – isso significa LIBERDADE.

Grigori Grabovoi

Se você quer se tornar um curador, um mestre, precisa ter uma mente saudável e trabalhar todos os dias. Visualize as suas células cheias de beleza, felicidade e saúde.

> *Cada pessoa tem a capacidade de curar e ser curado instantaneamente.*
>
> Grigori Grabovoi

RESUMINDO

A alma é a estrutura que organiza o mundo e, através da consciência, organiza (cria) a realidade física, além de constituir a parte material do corpo físico e interagir com a realidade.

Em qualquer momento, a alma cria a realidade física novamente.

Podemos imaginar que a cada momento o Criador dá um impulso para criar o próximo momento da realidade. A alma, recebendo esse impulso, transmite as informações necessárias para a criação do próximo momento da realidade, até a consciência.

A consciência converte essa "realidade informativa" em física. E este processo se realiza nada mais nada menos do que 17 vezes por segundo.

Ao utilizarmos os métodos de Concentração de Grabovoi, um biosinal é gerado na consciência do homem, que traz a nossa realidade objetiva à Norma do Criador.

O MÉTODO

Os ensinamentos de Grabovoi nos ajudam a usar as capacidades mentais para criar a realidade externa de forma vantajosa ou transformá-la de maneira positiva.

O ser humano é capaz de reconstruir sua estrutura energética informativa até a Norma funcional através de exercícios específicos. Esses exercícios ativam os centros cerebrais responsáveis pelos processos bioquímicos e reconstroem funções vitais alteradas.

ELEMENTOS IMPORTANTES

★ Intenção, finalidade;
★ Impulso da vontade;
★ Estado de amor incondicional para com a humanidade;
★ Estado de quietude da mente e paz na alma e no coração;
★ Estado de calma interior, alegria, inspiração e percepção sensorial do ambiente;
★ Ter uma voz calma.

Para cada forma material, existe uma correspondência mental-espiritual. Para formar a matéria conforme desejado, deve-se enviar impulsos da consciência para o correspondente mental-espiritual. Esses impulsos são compostos por imagens internas direcionadas e expressões mentais ou verbais, programas ou comandos.

Grigori Grabovoi não recomenda entrar no estado de transe, não é necessário permanecer em posição de meditação, mas ter uma focalização plena sobre os conteúdos do método.

Em cada **número**, como em cada palavra, há a **estrutura da vibração espiritual da energia**, e é precisamente ela que assegura a sua eficácia. Para qualquer situação há uma sequência numérica que pode dar-nos a resposta e resolver o nosso problema.

As **sequências numéricas** propostas para o tratamento das enfermidades estão relacionadas com o exercício de controle originado na esfera espiritual. Em consequência, o trabalho com elas permite a evolução do espírito.

Durante a concentração nos números, devemos tomar consciência de nós mesmos, sentir nosso corpo, vê-lo desde o interior, imaginá-lo completamente são. Isso é essencial para a recuperação rápida da saúde.

NA CONSCIÊNCIA DAS PESSOAS, EXISTEM ÁREAS QUE ESTÃO LIGADAS A CADA NÚMERO.

Na concentração de cada número ocorrem vibrações ligadas a determinadas áreas, não importa em que língua esses números sejam pronunciados.

Olhe para a sequência com atenção. A eficácia da concentração depende em grande parte da sua atitude em relação à ela. Os números não são apenas símbolos matemáticos, mas também energias do Criador. Trabalhando com um único número ou uma sequência de números pode-se realizar uma cura.

Imagine a sequência de números em uma esfera e, em seguida, reduza-a mentalmente ao tamanho de uma semente de limão, levando as vibrações de cura para seu corpo, mantendo-as lá por um tempo. Ao concentrar-se em um código específico, pode ocorrer a cura da doença, seja ela física ou emocional. A cura é um retorno à Norma do Criador. Quando se concentra nele, está se ajustando à Norma.

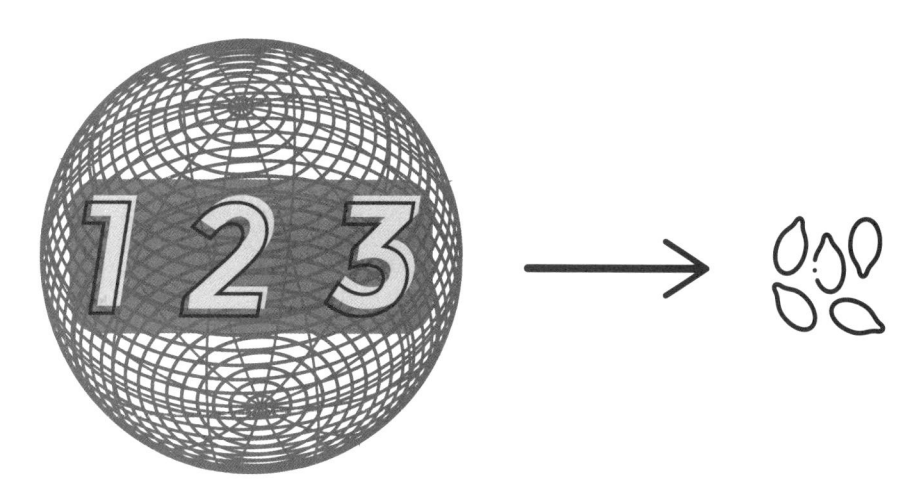

Cada número tem uma **frequência específica** e cada sequência numérica tem uma determinada frequência vibracional. Além da própria vibração, cada número contém um código, uma chave-informação, que representa a condição espiritual do processo. O significado vibratório de cada número está relacionado a um estado espiritual ou a um processo:

★ **1** = princípio / início
★ **2** = ação
★ **3** = resultado / meta / cruzamento da lógica do Criador com a lógica humana
★ **4** = correlação com o mundo externo / comunicação / contato sociais / realidade
★ **5** = correlação com o mundo interno / amor próprio / nível celular / consciência do valor próprio
★ **6** = sistema informativo óptico / princípios / bases / valores
★ **7** = plataforma para os aspectos do desenvolvimento da alma / amor
★ **8** = estruturação espaço-temporal / saída para o infinito
★ **9** = conexão com o Criador / número do Criador que contém todos os elementos anteriores

★ **0** = passagem / período transitório / denominação de um espaço específico no qual a qualidade de um número muda (área / espaço zero)

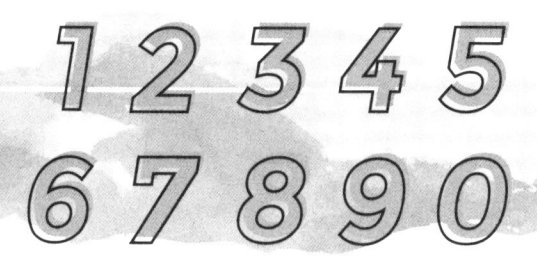

1 2 3 4 5 6 7 8 9 0

LIMPEZA INICIAL PARA ATIVAÇÃO DOS CÓDIGOS

Para trabalhar com os comandos no presente, o próprio "passado" precisa ser limpo. Somente transformando o passado podemos transformar o presente, o futuro e os acontecimentos no mundo. Para harmonizar o mundo, precisamos nos harmonizar no tempo.

Faça a limpeza por pelo menos 9 dias pela manhã e antes de dormir, e depois disso sempre que sentir necessidade de potencializar suas manifestações. Diga cada código falando sempre número por número. Exemplo: 741 (sete, quatro, um).

LIMPEZA INICIAL

Eu, (fale/escreva seu nome), invoco o Poder da Presença do Criador **1231115025**, em minha vida. Eliminando toda resistência do meu inconsciente **548491698719**, neutralizando em mim os medos **489 712 819 48**, harmonizando completamente meu presente 71042, eliminando memórias emocionais 61 988 184 161, através da Luz pura do Criador 12370744, solucionando assim todos os problemas 9788819719, pois **Tudo é Possível 519 7148!**

Depois de feita a limpeza, vamos ao que interessa. Lembrando que você não precisa esperar os 9 dias para começar a ativar seus códigos!

COMO COMEÇAR A TRABALHAR COM OS CÓDIGOS

> Defina criteriosamente o seu objetivo.
> Escolha o(s) código(s) que você precisa.

Se o problema é na **área da saúde**, escreva o código numa fita adesiva e cole numa garrafa de água (plástico ou vidro, tanto faz) e beba. Coloque-o também próximo à área afetada.

Se o problema for **emocional**, coloque-o em alguma parte do corpo onde você possa visualizar com regularidade. Espalhe também em áreas da casa ou do trabalho, para que a frequência vibratória dos códigos possa ser disseminada.

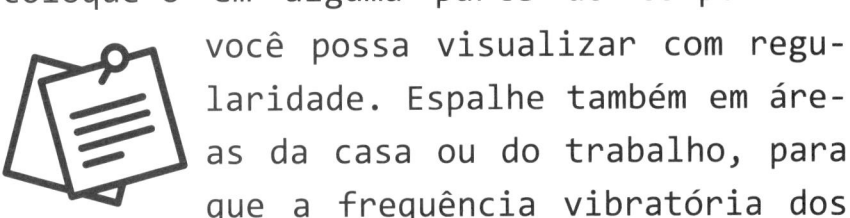

Se os códigos forem dirigidos à **área financeira**, guarde-os na carteira, sobre o material de trabalho, e em lugares onde possa manter contato visual.

Tenha confiança, não coloque empecilhos mentais como medo e dúvida nas suas mentalizações.

Dentro de uma série numérica, cada número está relacionado com o seguinte, representando um amplificador importante do próximo número.

> **EXEMPLO DE COMO UMA SEQUÊNCIA DEVE SER LIDA:**
> Sequência para emagrecer: **4812412**
> (Quatro, Oito, Um, Dois, Quatro, Um, Dois)

★ **4** = correlação com o mundo externo que causa uma nova qualidade de tempo
★ **8** = o tempo do infinito transforma a realidade
★ **1** = aquilo que foi transformado terá um novo início
★ **2** = partindo do início será gerada uma nova ação
★ **4** = é gerada uma nova correlação com o mundo externo
★ **1** = novo início por causa de novos relacionamentos com o mundo externo

★ 2 = a partir desse estado novo seguem outras atividades

O corpo começa a agir de forma diferente, e se transforma no sentido de voltar para a Norma, assim o sobrepeso desaparece.

★ As séries numéricas geram efeitos sobre o corpo, mesmo sem que haja concentração nelas. Mas com a concentração nesses números, o resultado é aumentado. E, quanto maior for a clareza durante a concentração dessas sequências numéricas, mais forte e mais rápido será o efeito curativo.

★ Uma linha numérica exibe frequência vibratória criptografada para todo o corpo ou para um órgão separado e a concentração conduz à recuperação.

★ Quando se utiliza uma série numérica, pode-se operar de diferentes modos. Pode-se concentrar em cada número da série, indo de um número para o outro ou parando em cada um com a mesma duração de tempo. É possível demorar-se mais ou menos tempo em alguns números. Você pode começar com os números extremos, e gradualmente ir para o centro.

Ao mudar a duração da concentração sobre qualquer número, mudamos a intensidade da ação desse número, portanto, a sequência original se tornará um pouco diferente.

QUANTAS VEZES EU PRECISO REPETIR ESSES CÓDIGOS?

> Repita cada sequência pelo menos 108 vezes.
>
> Você poderá dividir as 108 vezes em 3x ao dia (36 vezes por período).

Os mantras podem ser ditos uma vez, três vezes ou em múltiplos de três. O três é considerado um número místico por muitas religiões, o exemplo mais conhecido no ocidente é a Sagrada Trindade cristã.

As escrituras hindus também o consideram sagrado porque o Universo é constituído por três fatores – Tempo, Espaço e Causalidade; por três atributos ou gunas – Equilíbrio, Movimento e Inércia (Sattwa, Rajas, Tamas); e por três funções – Criação, Preservação e Destruição.

3 · 9

Esses "três vezes três" resultam em nove, número divino por excelência. O nove é imutável porque todos os seus múltiplos somados juntos sempre resultam em nove, como no exemplo seguinte: 16*9=144; 1+4+4=9. Então o nove simboliza a tela imutável onde aparece o filme em movimento, a base da realidade, Deus, o Eterno Absoluto sem nome e sem forma, a corda que parece uma serpente para o olho encoberto pela ignorância (a realidade por trás da ilusão).

O japamala é um rosário hindu de 108 contas, o dobro do cristão, que tem 54. Segundo Sathya Sai Baba, ele representa a unidade: "Quando as contas são de cristal, pode-se ver o fio que as atravessa, representando a realidade interna que tudo une".

Porquê 108 contas? Porque esse é o produto do número 12 multiplicado por 9. Doze é o número de Adityas ou luminárias (correspondentes aos doze signos do zodíaco) que revelam o mundo objetivo, e portanto símbolos do aspecto Saakar (o mundo do Nome e a Forma, da multiplicidade, das imagens fugazes).

Então, repetindo um mantra 108 vezes, fechamos um círculo, ao cobrir, respeitar e recordar todos os aspectos da criação (12) e da Realidade última, subjacente (9).

Nas palavras de Sathya Sai Baba: "Enquanto passam as contas do japamala, entendam o fato de que existe verdade e ilusão ao mesmo tempo no Universo, que a ilusão atrai, distrai e se deleita em enganá-los, os desvia por caminhos sinuosos, enquanto que a verdade os libera".

MAIS DICAS DE COMO USAR OS CÓDIGOS

- Concentre-se nos números, apenas olhando para a sequência. Se forem várias sequências, concentre-se em uma de cada vez.
- Também é bom memorizar a sequência, para que você possa se concentrar a

qualquer hora, ou escrevê-la em um pedaço de papel várias vezes.

- Você pode, também, recitar os números ou cantá-los. Sempre número por número. Exemplo: 741 (Sete, Quatro, Um).

AS VISUALIZAÇÕES SÃO FUNDAMENTAIS!

★ Visualize a sequência numérica saindo de um raio de luz e sendo iluminada.

★ Imagine as sequências numéricas em 3D e, de preferência, na cor prata.

★ O trabalho com as cores também é indicado. Imagine os números na sua cor predileta ou na cor que vier à mente.

★ Você pode também trazer movimento aos números: eles se esticam, separam e em seguida juntam-se em um ponto, etc.

★ Imagine os números em uma esfera/bola. A seguir, introduza a pequena esfera no corpo (no lugar onde dói, por exemplo).

★ Imagine as sequências numéricas sobre a sua cabeça e, a seguir, caindo sobre você como a chuva. Se quiser colori-la em luz prateada, melhor ainda!

★ Você pode escrever mentalmente sobre uma nuvem. Esse modo de concentração é muito bom, porque aqui você se concentra nas sequências numéricas e em áreas distantes da consciência ao mesmo tempo. Concentrando-se em áreas distantes da consciência os resultados serão ainda mais rápidos.

Nota: ao se concentrar em áreas distantes da consciência, o resultado é muito mais rápido e, portanto, a cura pode acontecer ainda mais rápido. Concentre-se, por exemplo, em nuvens, na lua, no sol, em outros planetas, no infinito...

★ Você pode escrever em um pedaço de papel e, sobre ele, colocar um copo com água por alguns minutos. Pode também escrever na garrafa.

★ Você pode colocá-lo no bolso do casaco, bolsa, etc. Levando sempre consigo para sempre dar uma olhada.

★　Distribua vários pedaços de papel com os números no lar, no escritório, no carro...

★　Você pode pendurar os números, por exemplo, nas paredes, nas portas, na geladeira, etc. Enfim, POR TODOS OS LUGARES!

★　Escreva num papel os números e coloque-o embaixo do travesseiro ou da cama, deixando-os "ATIVANDO" durante a noite.

★　Escreva também os números numa folha de papel juntamente com a mais positiva formulação de seus objetivos. Ter essa folha sempre consigo para que possa sempre se concentrar nela.

★　Escreva os números na pele apenas com o dedo ou com uma caneta, próximo ou em cima do local afetado.
Nota: use, de preferência, canetas com tinta especial (como para tatuagem falsa), lápis de cor ou corante para comida.

★　Você pode escrever em um pedaço de papel e, em seguida, colocar um esparadrapo por cima, de modo que os números fiquem para baixo quando você colocar o papel sobre a pele.

> **Nota 1:** Se você precisar de várias sequências de números, concentre-se em uma após a outra.
> **Nota 2:** Se usar várias sequências, escreva-as uma embaixo da outra.
> **Nota 3:** Se for escrever num local do corpo que esteja dolorido ou ferido, escreva diretamente em cima de onde dói ou próximo ao local ferido.
> **Nota 4:** Visualize apenas o resultado, e não como será resolvido!

Importante: Enquanto se concentra em uma sequência numérica, tente visualizar o resultado desejado e formulá-lo o mais positivamente possível.

Por exemplo:
"Padrão absoluto de saúde."
"Norma absoluta da alma, espírito e corpo."
"Harmonização de eventos."

CONCENTRAÇÃO EM UM NÚMERO

Imagine um número de sua escolha em uma forma tridimensional (por exemplo, o número um). Mentalmente, escreva nesse número as informações sobre um evento, um resultado ou um objetivo que você deseja alcançar. Em seguida pressione essa estrutura de todos os lados em um ponto. Esse processo de compressão espreme o resultado desejado e ele aparece em sua realidade.

Se é difícil visualizar, utilize o seguinte método: pegue um pedaço de papel, desenhe uma representação gráfica do número e escreva o resultado desejado dentro do número (veja a ilustração a seguir). Em seguida amasse o papel em uma bola. O efeito é o mesmo: o resultado é pressionado para fora e se manifesta. Uma vez que o processo de "normalização" foi iniciado, ele continua automaticamente por conta própria.

Essa é a chave!

1 INFORMAÇÃO

    Você não se concentra na doença, mas na Norma, ou seja, na informação que leva ao estado da Norma (Criação). Em princípio, essa Norma está dentro da sequência numérica, pois os números são a Eternidade e a própria Norma. Isso significa que a Vida é Eterna, o Desenvolvimento é Harmônico e a Salvação é Geral.

PILOTAGEM/CONTROLE

As pilotagens são "orações quânticas", ou seja, é mais uma prática de ativação usada para potencializar o que se está buscando.

Muitas vezes não conseguimos fazer a pilotagem completa, mas sempre que tivermos esse tempo é uma forma de acelerarmos ainda mais o processo de manifestação para o que estamos buscando, ou seja, realizando essa prática de concentração (mental/espiritual) estamos criando uma conexão com a salvação global e isso faz a pilotagem se realizar com maior facilidade.

Grabovoi não diz pilotagem, ele diz "CONTROLE". Temos o controle de nossa vida, podemos controlar a nossa existência com a nossa consciência.

A grande maioria das pessoas pensa que a ativação dos códigos é uma fórmula mágica e que tudo acontecerá como num passe de mágica.

É necessário entender que existe um tempo necessário para aprender e entender a pilotagem, e o resultado não é igual para todos.

Algumas pessoas nasceram com o espírito preparado depois de uma determinada encarnação, já possuindo uma consciência estruturada, e dessa maneira obtêm os resultados rapidamente.

Acontece que quando a situação é realmente difícil, não temos paciência e desejamos um resultado imediato.

Para saber se a pilotagem começou a dar resultado, comece pilotando os assuntos mais simples, que não trazem em si grandes expectativas como medo, ansiedade, etc. E assim você saberá que a pilotagem realmente funciona.

Vendo os resultados nas questões simples, a pessoa começa a entender como o processo funciona e entende que pode realizar mudanças, e essa segurança adquirida a auxilia nas questões mais complexas.

Acreditar! E acreditar realmente que cada pessoa merece ter a saúde e a Norma absoluta. Nunca pense: "Consigo ou não consigo?".

Os melhores resultados são alcançados quando não estamos ansiosos para atingi-los.

O importante é não desviar da estrada escolhida. Liberar a possibilidade para que os resultados possam se manifestar.

A concentração deve ser feita com felicidade, satisfação e criatividade. Com o entendimento que o trabalho de concentração ajuda todos os aspectos da realidade, que são **CRIADORES ABSOLUTOS**. Tudo isso acelera o treinamento da consciência.

As técnicas de pilotagem são ações mentais e espirituais. **AÇÕES**! Para entender como funcionam é necessário agir, e entender como elas funcionam, porque a compreensão acelera o resultado.

> *O pensamento é informação criada da interação da consciência, espírito e corpo. E, nesse caso, o pensamento vem organizado da alma. O espírito participa da criação, seja diretamente, seja através do pensamento.*
>
> Grigori Grabovoi

Podemos dizer então que o pensamento é unido com a inteira estrutura do mundo e significa uma ação humana nessa estrutura geral.

ELEMENTOS DO CONTROLE/PILOTAGEM

Independentemente da ferramenta escolhida, os elementos básicos do processo permanecem sempre os mesmos.

META / OBJETIVO

Antes de iniciar qualquer trabalho, você deve ter em mente a sua meta, de forma clara, já realizada e dentro da Norma do Criador. A imagem deve ser sempre positiva, perfeita, e deve permanecer na sua mente durante todo o trabalho.

Se for a cura de algum órgão, visualize esse órgão absolutamente perfeito e saudável, bem como qualquer outra situação, seja ela de saúde, financeira, de relacionamento, etc.

MODELO PADRÃO DE PILOTAGEM

Eu, *(coloque seu nome)*, entro no espaço da minha ALMA.

Ajo e vejo como o CRIADOR e Todas as pessoas neste Mundo estão salvas, saudáveis e felizes.

Salvação Global e Desenvolvimento Harmônico **319817318**

Meu desejo é: *(Descreva o que deseja, o que está buscando)*.

Aqui você insere os códigos relativos ao seu desejo, por exemplo:

E para isso ativo agora os códigos para eliminar toda e qualquer resistência do meu inconsciente **548491698719** e desbloquear a Abundância Financeira **318 798** em minha vida.

Ilumino essa manifestação com a Luz do Criador diante do fundo da alma do Criador.

De agora e para sempre,
até o infinito...

GRATIDÃO!

REPETIÇÃO DAS APLICAÇÕES

Enquanto a pessoa se encontra na consciência da alma, o comando permanece ativo. Como não nos encontramos permanentemente nessa consciência, nossa percepção no dia a dia geralmente está sendo dominada pela mente, pelas formas-pensamentos, sujeitos às influências de radiação e tecnologias ou dos aspectos negativos da consciência coletiva. Então, é necessária uma repetição das pilotagens e ativações dos códigos. Além de praticar toda a pilotagem, podemos enviar várias vezes por dia um impulso da consciência direcionado para o tema, com um sentimento de amor e gratidão, e finalizar com a iluminação com a luz do Criador.

TRABALHAR COM OUTRAS PESSOAS

Trabalhando com uma pessoa doente, inconsciente ou distante, devemos entrar no Espaço da Alma. Deve-se gerar um sentimento de Amor para se conectar com a outra pessoa. Ao se trabalhar com outra pessoa que não seja um filho ou parente, deve-se pedir permissão à alma da respectiva pessoa antes da realização do trabalho.

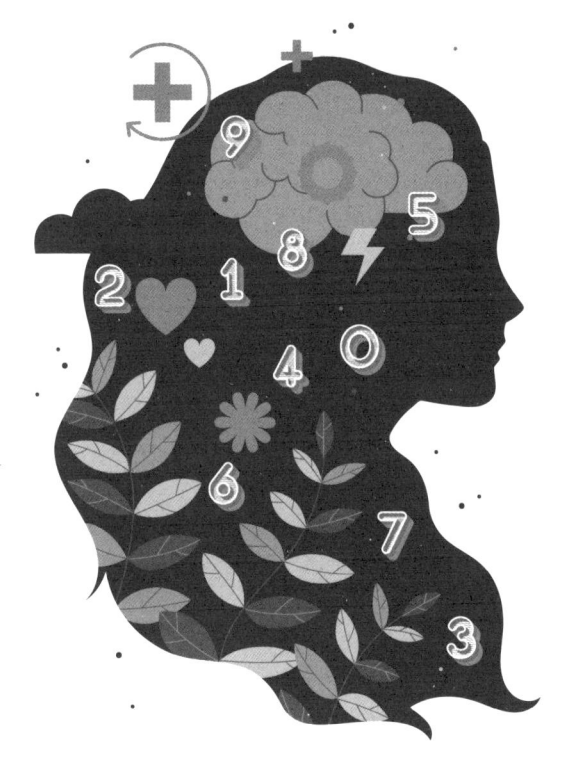

Para trabalhar com o cliente, deve-se ensinar e conduzi-lo junto, para que ele participe da própria cura/transformação, fornecendo as explicações básicas e conduzindo-o a entrar no Espaço da Alma, realizar o trabalho e, assim, tornar-se autônomo em seu processo de retorno à Norma do Criador.

10^{-17}

A realidade física é recriada a cada **10 elevado à potência menos 17** por segundo. É um intervalo de tempo muito pequeno, e nos foi entregue para que possamos começar a criar a essa velocidade de acordo com a Norma do criador para o desenvolvimento harmonioso.

O número 10 elevado à potência menos 17 não é uma sequência e não é utilizada como tal. Ela é útil naqueles momentos em que algum evento nos causa um sentimento negativo.

Colocando essa potência no sentimento, este é neutralizado. Se utiliza sempre que existe uma situação negativa.

Essa potência atua tanto no passado como no presente; serve para limpar memórias, crenças, paradigmas, pensamentos, palavras, ações, etc., de conotação negativa.

Ela também atua transpassando a nuvem de negatividade criada pelos pensamentos destrutivos da consciência coletiva, que se interpõem entre o homem e o Criador. Dessa forma, somos ouvidos e nosso problema é resolvido rapidamente.

É muito útil quando surgem pensamentos e sentimentos de dúvida ou quando existe a crença de não ser digno.

INSTRUÇÕES:

★ Visualize o evento negativo (vê-lo sozinho, sem julgamento, como se fosse algo estranho para você), em seguida, repita em voz alta ou mentalmente a potência como vimos anteriormente: 10 elevado à potência menos 17.

★ Visualize como o evento é imediatamente neutralizado pela potência.

★ Dê uma nota de 0 a 10 para o sentimento.

★ Pronuncie em voz alta DEZ ELEVADO À POTÊNCIA MENOS DEZESSETE por 36 vezes.

★ Avalie se o sentimento diminuiu e continue com os blocos de 36 repetições até sentir que ele chegou a 0.

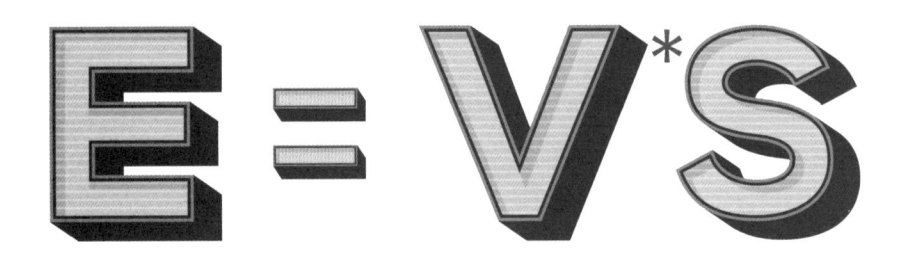

$$E = V^*S$$

A FÓRMULA DA ENERGIA

E como Energia
V de Volume (de informação) e
S Speed (velocidade) de percepção.

A energia é o resultado de um volume de informação, somado à nossa capacidade de perceber esse volume no espaço.

Quanto mais essa capacidade aumenta, mais se percebe a energia para ser criada e criar. E, acima de tudo, essa percepção traz a energia para um estado primário de pureza, libertando-nos de qualquer tipo de condicionamento e interferência relacionados à informação negativa.

Esse exercício corta do nosso campo energético qualquer desvio que possa nos tirar da Norma.

Também se aplica a todas as emoções, pensamento e vibrações negativas.

Você pode escrever uma fórmula na pele ou em um papel e carregá-la consigo.

NORMALIZAÇÃO DO PESO CORPORAL

1. Coloque a sequência numérica **4812412** (sobrepeso) em uma pequena esfera.

2. Comprima essa esfera até o tamanho de um ponto e a coloque mentalmente dentro do abdome.

3. Coloque agora a sequência numérica **1823451** (doenças metabólicas) numa outra esfera e a coloque mentalmente dentro da hipófise.

PRÁTICA PARA A HARMONIZAÇÃO NOS NEGÓCIOS

O número para a normalização da situação financeira é: **71427321893**.

E o número para a solução de perguntas gerais e problemas é: **212309909**.

Durante a concentração envolva-se com essas sequências numéricas: coloque-as na sua carteira, no seu passaporte ou entre seus documentos.

Imagine essas sequências numéricas no seu escritório ou na sua casa.

TECNOLOGIA PARA RESOLUÇÃO DE PROBLEMAS

Todos os problemas de uma pessoa têm um ponto de concentração que está localizado 2 cm à frente do terceiro olho. A esfera também possui um raio de 2 cm (ver ilustração a seguir). Nela se encontra a fonte de informação dos problemas, e esse é também o seu ponto de contração.

Esfera de Resolução de Conflitos

Polo de Controle

Esfera de Problema

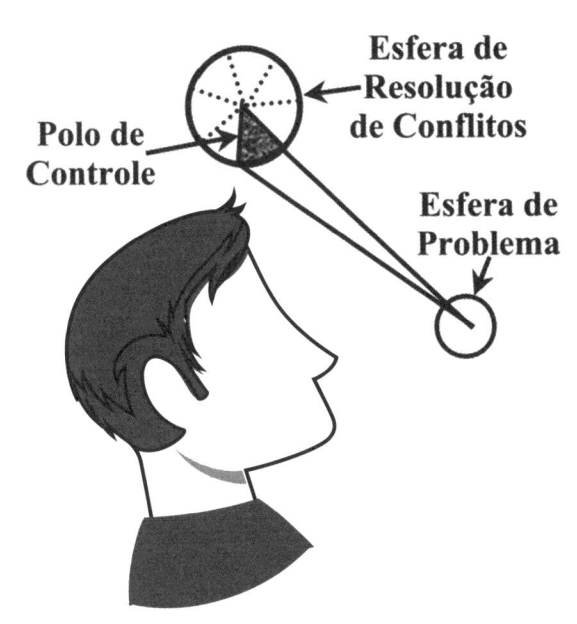

Algumas pessoas dizem que têm, por causa de seus problemas, uma dor na cabeça e na testa ao mesmo tempo. O processo de contração de um problema de fato afeta a estrutura física de uma pessoa.

Mas o homem também tem uma segunda esfera, o centro de informação superior. Essa esfera, com um raio de 5 cm e a 2 cm na vertical acima da cabeça, lhe permite ter influência sobre seus problemas. Ela é composta de sete segmentos. O ponto inferior é o polo de controle de problemas. Através dele, chega-se à informação dos segmentos da esfera, possibilitando dissolver os problemas.

TRABALHAR COM O POLO DE CONTROLE

★ Imaginar um raio vertical de luz vindo da esfera das resoluções que vai até o centro da cabeça.

★ Conectar o polo de controle mentalmente através de um raio de luz com o ponto central da esfera de problemas, repetindo: "Dissolução do problema (informar o problema) e reconstrução da Norma na minha vida, iluminando com a Luz do Criador, diante do fundo da Alma do Criador".

Iluminar > datar > hora > ∞

LIMPEZA DA ESFERA INTEIRA

Utilize essa tecnologia quando você não tiver muito tempo e quando uma solução rápida para o problema seja importante.

★ Abrir o segmento dentro da esfera das dissoluções que está direcionada para o nariz.

★ Introduzir a esfera dos problemas inteira para dentro do segmento, repetindo: "Limpeza da esfera com todos os problemas, iluminando com a luz do Criador, diante do fundo da Alma do Criador".

Iluminar > datar, hora, ∞

Essa tecnologia não só faz com que seja possível resolver os problemas, mas também nos ajuda a compreender o seu significado. Quando você entender por que algo está acontecendo ou aconteceu, você pode reexaminar e reavaliar suas ações, pensamentos e perspectivas.

Nessa esfera encontra-se a fonte informativa dos problemas. Ela é o ponto de compactação de todos os problemas. Algumas pessoas dizem que seus problemas estão causando dor de cabeça e, instintivamente, esfregam a testa. Esse processo da compactação do problema realmente pressiona a estrutura corporal do ser humano. Além disso, ele tem mais uma esfera: o centro informativo superior.

Essa esfera possibilita controlar esses problemas e está localizada verticalmente acima da cabeça, com uma distância de aproximadamente 2 cm. O raio dela é de 5 cm e é composta de sete segmentos. O primeiro segmento está direcionado para o nariz. Juntando a informação correspondente ao problema com a informação desse segmento, o problema se dissolve.

PRÁTICA
PONTO DA NÃO FUNCIONALIDADE

Quando você percebe que algum setor da sua vida está travado e não sabe mais qual código usar, esta na hora de parar e refletir sobre o que está bloqueando esse evento.

> "A **LUZ** de um evento passado **CRIA** o futuro."
>
> Grigori Grabovoi

Por isso os eventos se repetem, Para apagar esse evento use a técnica do ponto da não funcionalidade.

Crie um linha imaginária em uma extremidade imagine uma esfera de luz na outra um ponto negro (buraco negro) na esfera de luz coloque tudo que não consegue resolver: seus medos, desafetos ,traumas tudo o que deve ser apagado.

Diminua essa esfera de luz até ficar bem pequena e jogue no ponto negro dizendo:

"Eu (fale seu nome completo) apago a luz desse evento agora!"

Repita essa prática quantas vezes desejar.

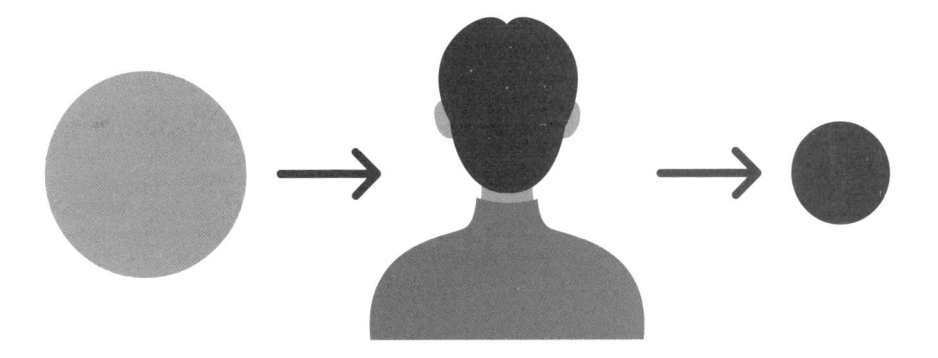

PERGUNTAS FREQUENTES:

QUANTAS VEZES EU PRECISO ATIVAR?

Você precisa se concentrar no número 108, que é a busca pelo absoluto, ou seja você vai iniciar a sua repetição com 108x de cada código. Você pode dividir o 108 durante o seu dia, como por exemplo: 36x de manhã, 36x de tarde, 36x de noite.

Você pode ativar quantas vezes sentir necessidade, sempre buscando as 108 repetições.

O QUE É "SETAR"?

Esse é um termo da minha metodologia o CODEHEALING que significa iluminar sua intenção, que deseja com a ativação.

POSSO FAZER PARA OUTRAS PESSOAS?

Você pode sim ativar para outras pessoas, você precisa "setar" bem o seu desejo para a pessoa e mentaliza-la com bastante intensidade durante a ativação. No entanto é importante lembrar que cada pessoa é responsável pela sua própria realidade e mudança. Neste caso você consegue emanar energias positivas e transformadoras para essas pessoas, mas ela é a própria agente de mudança.

QUANTO TEMPO LEVA PRA EU TER MEUS RESULTADOS?

Não há um tempo específico, os tempo para a materialização dos seus desejos é singular, único de pessoa para pessoa. Ou seja, pode levar de horas, dias, à até meses, no entanto há mudanças comportamentais e de pensamentos que acontecem com pouquíssimo tempo de prática, como : a serenidade, confiança, otimismo, positividade e calmaria, que também te ajudam a trazer um resultado mais eficiente.

É essencial sempre visualizar a meta já realizada, em todos os seus detalhes, pode ser fundamental para ter o retorno que deseja ao usar as sequências. É importante escolher a sequência que emitirá a vibração, com base no que desejamos alcançar.

QUANTOS CÓDIGOS POSSO FAZER DE UM VEZ?

Não há um número mínimo de códigos que podem ser ativados, no entanto é importante sempre que você aproxime os números do seu objetivo, para que assim ele se concretize mais facilmente.

Espere uns dez minutos após usar uma SN para repeti-la ou para fazer outra. E caso for escrever, não escreva ao lado, e sim uma em cima da outra.

O QUE FAZER QUANDO EU NÃO ESTIVER TENDO RESULTADOS?

O importante é não desistir, levar a sério e co-criar uma vida do jeitinho que sempre sonhou. O quanto mais você praticar mais rápido seus resultados virão e mais eficientes eles serão. Continue fazendo o seu curso e se necessário reinicie ele, fazendo com bastante intensidade às limpeza para que harmonize o seu trajeto.

Se aquele for o momento certo para realizar o que você pediu, aquilo vai acontecer. Se não, vai demorar um certo tempo que, enfim, seja realizado. O importante é não perder a fé em seus pensamentos e continuar tentando.

E não basta só pedir, é preciso acreditar que vai acontecer. Afinal, o mantra dessa técnica é "Pensamentos bons, atraem coisas boas". Ser positivo é fundamental para que seu desejo se realize, seja relacionado a saúde, amor, dinheiro e qualquer outro âmbito.

Por isso, se livre de toda negatividade antes de pedir, e cuide para que só pensamentos positivos passem por sua mente. Concentre-se. E acontecerá.

Lembre-se que a energia que jogamos ao Universo, recebemos de volta – é assim que funciona a Lei da Atração. Além disso, não se desespere. Muitos, na ansiedade de resolver os problemas, esperam que do dia para a noite tudo fique bem. Tenha paciência e confie! O importante é não desistir, levar a sério e co-criar uma vida do jeitinho que sempre sonhou.

PRECISO FALAR SEMPRE ATIVADO?

Ativar quer dizer que você está restabelecendo sua conexão com o criador. O fato de você estar realizando a prática já está ativando os códigos, ou seja não é necessário sempre dizer ativado. Mas se você sente a necessidade de falar, fique a vontade para fazer da forma como se sentir mais confortável.

PRECISO ACREDITAR NOS CÓDIGOS PARA TER RESULTADOS?

O objetivo do método é promover a cura através do pensamento. Para a técnica realmente funciona é preciso acreditar que sim, ela dá certo e evitar os pensamentos negativos.

O método de Grabovoi exige crença na prática e conexão com o conceito de finitude e energias universais. Os códigos possuem significados vibratórios e ligação com estado espiritual. Além disso, as sequências ativam partes do cérebro, que são responsáveis pela atração e repulsão de diferentes planos físicos.

IMPORTANTE:

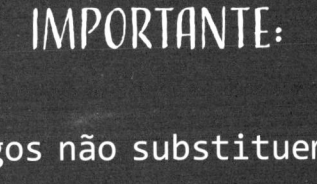

Os códigos não substituem o trabalho de um médico, psicólogo, psiquiatra, oncologista, nutricionista ou qualquer outro profissional da área da saúde.

Jamais interrompa orientações médicas ou substitua remédios convencionais sem prévia consulta ao médico. Utilize os códigos de forma complementar ao tratamento dado pelo seu médico.

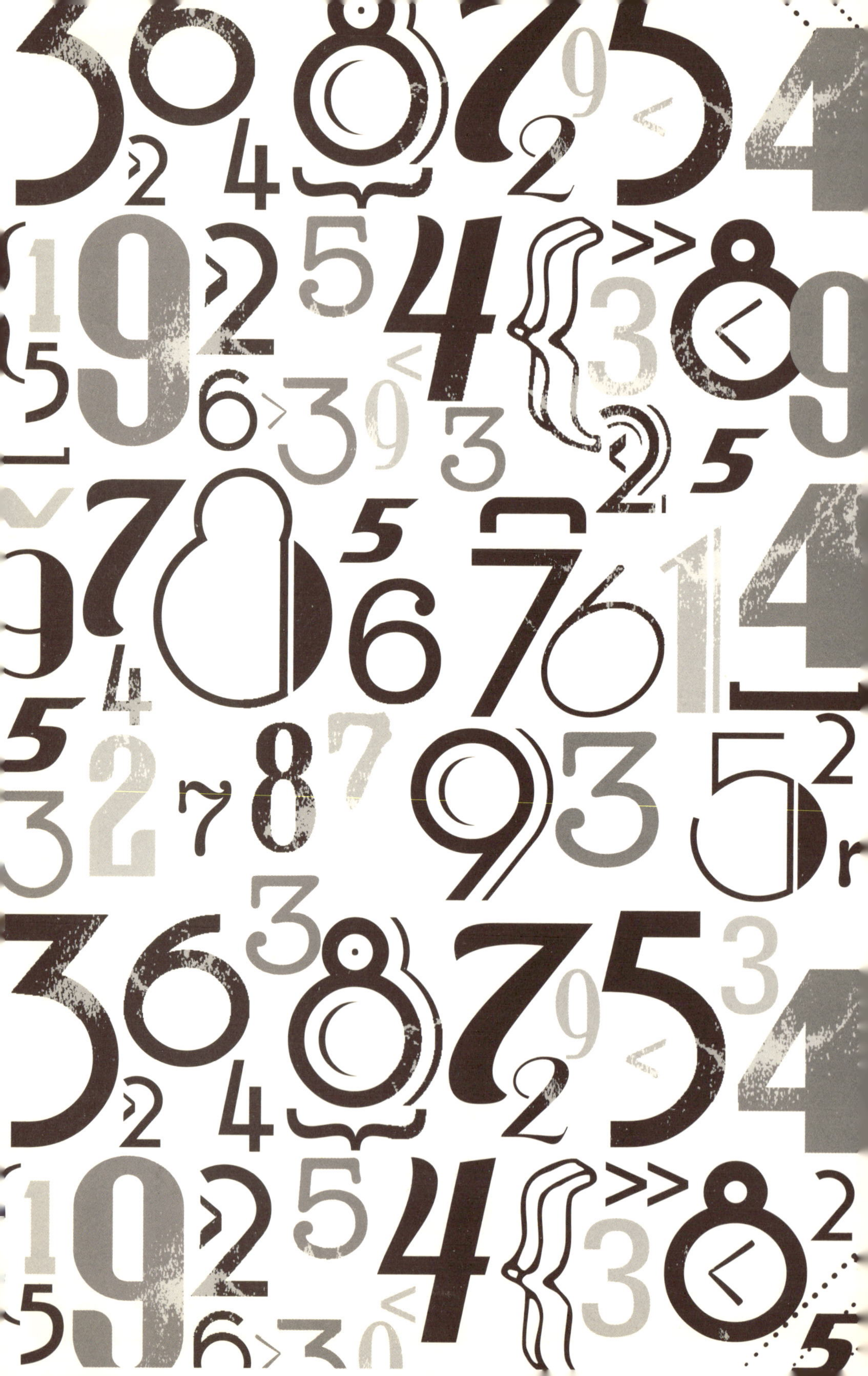

SEQUÊNCIAS EM ORDEM ALFABÉTICA

A seguir estão as principais sequências em ordem alfabéticapara você começar a praticar e a criar sua "caixa de primeiros socorros" e tê-la sempre à mão para quando precisar.

A	CÓDIGOS
Adoção de soluções apropriadas e precisas	5217319
Abstinência	528419 319718 23
Acalmar a tosse	498 71

Acomodação / Zona de conforto	298 388014712
Afonia (perda da voz)	519 317 919 064819

Agressão	**528471 228911**
Agressão verbal	**978316918 717**
Ajuda / Solução imediata / Eterna alegria	**741**
Ajuda rápida / Primeiros socorros	**938179**
Alcançar metas	**894 719 78 48**
Alcoolismo	**148543292**
Alcoolismo crônico	**1488543292317 914**

Alma (escutar o que diz a sua alma)	**598061 291319 88**
Alugar (dono)	**31848561**
Alugar (inquilino)	**371491**

Alzheimer	481854383
Amizade	8901 678 914 81
Amor eterno (sob a perspectiva Divina)	888 912 818848
Anestésico	59189171 481
Angina do coração	8145999

Ansiedade	51949131948
Apaixonar-se	515889

Apatia	938 781 411 8779801
Apego / Dependência	898716 068 714

Apneia do sono	**841900 191 891**

Arritmia cardíaca	**8543210**
Artérias, veias e capilares	**219 387 919 887**
Asma brônquica	**8943548**
Asma cardíaca	**8543214**
Astenia	**456 891 01 2139**
Ativar corpo de luz (Coloque o código no corpo ou no ambiente onde você está e visualize o corpo rodeado de Luz)	**91119919111**
Aumentar o apetite	**471 88 91**
Autocura do corpo	**9187948181**
Autorrealização	**319612719849**

Autoconfiança	**517 489719 841**
Autodomínio	**548 49 18917**
Autoestima	**49181951749814**
Autorrealização	**319612719849**
Autorreflexão	**54931781949614**
Azia	**8124567**

B	CÓDIGOS
Barreira psicológica	**4987 14 889057**
Bem-estar, alegria (estimular a serotonina no cérebro)	**5148123**
Bens, valores, créditos, direitos que formam o patrimônio	**319819497817**
Bioenergia	**918714**
Bipolaridade / Psicose maníaco-depressiva (MDP)	**514218857**

Birra, capricho de crianças	**317988 9178**
Bloqueio coronário (do coração)	**9874321**
Braço direito	**1854322**
Bronquite crônica	**4218910**
Bronquiolite	**89143215**
Bronquite aguda	**4812567**

C	CÓDIGOS
Calma	**514319893714**
Cansaço	**51996173194891**
Cansaço mental / Fadiga	**518491498**
Capacidade de ser feliz	**914891319**
Capacidade de usar melhor o seu tempo	**814 418 81**
Capacidade jurídica	**4817190 478**

Cicatrização	**481 94**
Cistite	**48543211**
Ciúmes	**498491817**
Cólica intestinal (Atonia do esôfago e do estômago / discinesia do trato digestivo. Ou seja, uma lentidão ou reduzida capacidade de trabalho desses órgãos.)	**8123457**
Compromisso	**5948981 819 47**
Coluna cervical	**312 218 212 918**
Coma	**1111012**
Complexo de inferioridade	**498064 317**
Compreendendo os ensinamentos de Grabovoi	**17981**
Compreensão	**39119488061**

Compreensão mútua	**314821069 711**
Comunicar-se com algo ou alguém	**49871961914**
Concentração da atenção	**519688 01971**
Conexão com a luz do Criador	**12370744**
Conexão com Grabovoi	**3582295**
Conflito	**518716 319414**
Congestão cardíaca pulmonar	**5432111**
Conseguir assistência médica qualificada	**9274810494**
Constipação / Prisão de ventre	**5484548**
Contra energias negativas	**51631982198491**
Contra picadas de mosquitos, abelhas, etc.	**9189189**
Coriza, resfriado, rinite	**5189912**

Credor	**514 567319 518**
Crescimento capilar	**77119784121**
Criar circunstâncias favoráveis	**419 488 71**
Criatividade	**491817 3194 8**

Crise hipertensiva	**5679102**
Cura do planeta Terra	**888918491648**
Curar ansiedade	**51949131948**

D	CÓDIGOS
Debilidade	**8980 719 88 091**
Decisão	**518548191**
Delírio	**8142351**
Demência	**591899016791 091**

Dependência química / Vícios / Abuso de substâncias	5333353
Depósitos entrando na sua conta	319618719814
Depressão	519514 319891
Desamparo aprendido	519371 818911
Determinação	559 3178890619
Desenvolver amor	47648676

Diabetes insipidus	4818888
Diabetes mellitus	8819977
Diagnóstico médico	519 614 319814
Diarreias	5843218
Dificuldade	489517 498 814

Dinheiro inesperado	520

Direito a tratamento médico	9489179189
Distúrbios intestinais	56481 4
Doença cardíaca (cardiopatia isquêmica)	1454210
Doença ocupacionais causada por esforço excessivo de órgão e sistema	4814542
Doenças das articulações	5421891
Doenças por insuficiência de vitaminas	1234895
Doenças dos rins e do trato urinário (geral)	8941254

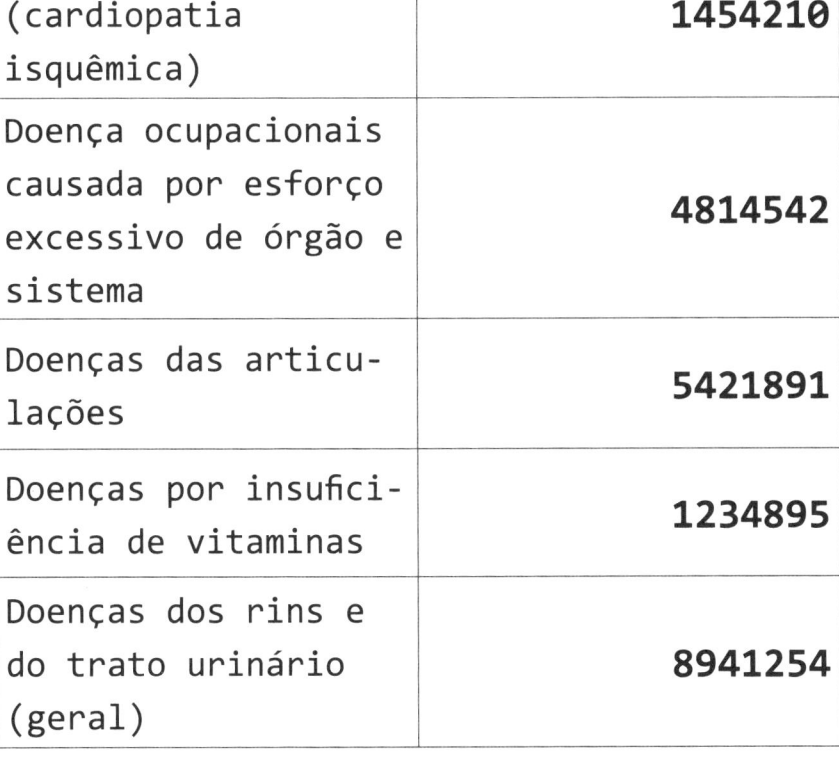

Doenças endócrinas e metabólicas	1823451
Doenças reumáticas nos tecidos moles periarticulares	1489123
Doenças tumorais geral (livrar tumor)	8214351
Dor	498712891319
Dor de dente	5182544
Duto excretório da glândula sudorípara	891 098 789 016
Dúvida / Indecisão	819 498 21931

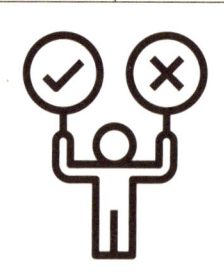

E	CÓDIGOS
Edema pulmonar	54321112

Elevar o nível da consciência humana na absoluta liberdade, onde todos os problemas são resolvidos	**71381921**
Eliminar efeito colateral de quimioterapia	**4812813**
Emprego	**218 494517601**
Energia	**818918888841498**
Enfermidades de garganta, nariz e ouvido (geral)	**1851432**
Enfisema pulmonar	**54321892**
Epiderme	**598 718 889 888**
Equilíbrio adrenalina	**53142184161**
Equilíbrio hormonal (geral)	**38649129871**
Equilíbrio da oxitocina (amor)	**3194812 1961**

Espasmos e câimbras (geral)	51245424
Estado críticos de saúde em geral	1258912
Estresse / Tensão	819471

F	CÓDIGOS
Falsidade (mentira) / Aparece a verdade	319 814 71978
Faringite	1858561
Fascite plantar	529 377 429 879
Fé	598 888 998 617

Febre	**518517519814**

Feridas	**5148912**
Ferroada de escorpiões	**4188888**
Fluxo de caixa	**318612518714**

Fobias (medo/expectativa de perigo)	**891 019 4918808**
Fórmula do amor	**C43H66N12012S2** *(lê-se: cê quarenta e três, agá sessenta e seis, ene doze, ó doze, ésse dois)*

Fórmula química da felicidade	**C8H11NO2** *(lê-se: cê oito, agá onze, ene ó dois)*
Fuga através da doença	**591398 712 889**
Furúnculo	**5148385**
Frustração	**598718 49871**

G	**CÓDIGOS**
Gagueira	**898071 318 42**
Gastrite	**5485674**

H	**CÓDIGOS**
Harmoniza e sincroniza tudo	**9718319575148179**
Harmonização de animais	**55514219811 0**

Harmonização do espaço circundante	**14888948**
Harmonização para negócios (desenvolvimento econômico)	**289 471 314917**
Harmonizar chakras e meridianos	**∞ 88889888878888**
Hiperidrose / Glândula sudorípara (suor excessivo)	**519 488 598 719**

I	CÓDIGOS
Independência / Autonomia	**598641718948**
Infarto	**8914325**
Infecção urinária / Cistite	**48543211**
Infecções em geral	**5421427**
Infecções respiratórias agudas	**48145488**

Inflamação do estômago e intestino (gastroenterite)	5485674
Influenza ou H1N1	4814212
Insuficiência respiratória aguda	1257814

Insuficiência cardiovascular aguda	1895678
Intenção (vontade)	519314 819 4
Intoxicação aguda	4185412
Inveja	489714318 591

L	CÓDIGOS
Labirintite	48154219
Laringite	4548511

Leucemia	5481347
Limpa as toxinas e as substitui por novas células	719
Limpar a memória emocional	61 988 184 161

M	CÓDIGOS
Má digestão	9988771
Medo	489 712 819 48
Medo infantil	519 489 319 12
Memória melhorada	5893240

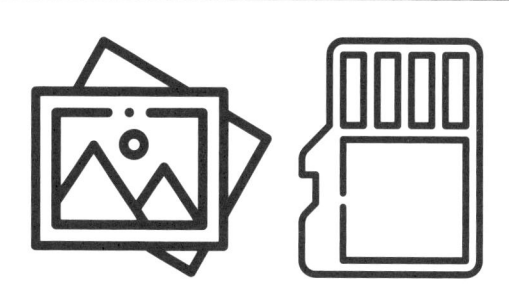

Menopausa / Neuroses do climatério	4851548

Miocardiopatia	**8432142**
Motivação	**498714**

N	CÓDIGOS
Negativismo	**519 448 9184**
Neuroses (eliminar e neutralizar as neuroses e as ansiedades)	**48154211**
Normalização de aparelhos eletrônicos ou computador, carros, etc.	**444 648 471819 472**

Normalização das condições meteorológica	8888184321

O	CÓDIGOS
Obtenção de todas as informações sobre o desenvolvimento eterno (luz branca prateada vinda deste número vai cair sobre você e você terá uma ideia clara sobre a questão que você pediu ou sobre o que lhe interessa)	417 584 217 888
Organização	918471 318 9421
Otimismo	498 9171 81948

P	CÓDIGOS
Paixão	515889
Para retornar à frequência do Criador	19712893
Parada cardíaca (morte clínica)	8915678
Parar de fumar (tabagismo)	1414551

Parar instantaneamente o plano negativo	4748132148
Paz interior	1001105010

Perda total ou parcial da fala (afasia: perda total ou parcial da capacidade da fala; distúrbio da fala, aparecendo associado a danos locais do hemisfério esquerdo do córtex [para direita])	**491819 319 812**
Perdão	**706**
Pessoas, animais ou objetos perdidos	**471891472**
Picadas de cobras	**4114111**

Pneumonia microfocal	**4814489**
Pneumonia alérgica	**51843215**
Pneumonia crônica	**51421543**

Pneumonia em recém-nascidos	5151421
Preguiça e falta de determinação para fazer algo que você reconhece importante	318 41791844

Presença do Criador	1231115025
Pressão arterial alta (hipertensão)	8145432
Prevenção de acidentes e multas de trânsito	11179
Prevenção de Guerra Mundial	471
Prosperidade / Normalização financeira	71427321893
Próstata	51432144

Proteção contra balas perdidas	**91781421**
Proteção para qualquer situação / evento	**71931**
Proteção das condições do tempo	**8887184321**
Proteção Divina	**8888**
Proteção de todo o organismo	**9187758981818**
Proteção imunitária geral (sistema imunológico)	**219 648 317 918**
Proteção geral	**9187756981818**
Proximidade	**399016488 917**
Pulgas em cachorro	**688191314**
Pulgas em gato	**784291478**
Pulmão	**519 418 319 818**

Q	CÓDIGOS
Queda de cabelo	5484121 / 491519619
Queimadura cutânea	8191111

R	CÓDIGOS
Recuperação imediata da saúde	19751
Recuperar a cor do cabelo	49819431947
Redução dos efeitos de choques traumáticos	1895132
Regeneração celular	12746391
Regeneração de todos os órgãos	419312819212
Regeneração do organismo	817992191
Relacionamento	528 147 818 14181
Relógio biológico	817498 8612194

Resgate e harmonização geral	**14111963**
Resistência do doente ao tratamento	**548 498 319 317**
Resistência do inconsciente	**548491698719**
Resolução da questão e do problema	**25122004**
Reúne informações para a Norma do problema	**97319819**
Restaura a Norma da água presente no organismo	**51951348988**
Restaurar o corpo durante a inflamação das vias respiratórias	**619 7**
Rinite, sinusite alérgica	**5814325**
Risco de vida, estados e condições críticas	**1258912**

Rins e trato urinário (geral)	8941254

S	CÓDIGOS
Saúde perfeita	1814321
Seborreia (cabelo)	1234512
Segurança nas manobras de voo	777
Sensação de fome	31749318516
Sensação de prazer (equilíbrio da dopamina)	5821545
Senso moral de culpa	319 614 89918
Sentimento de baixa autoestima	516914 918591
Sentimento de culpa	3175196148569419
Serviço público no bom atendimento à população	518728398641

Sexo (relação sexual ou uma série de reações psicológicas, atitudes e ações que estão associadas à ocorrência e à satisfação do desejo sexual)	519 916
Síndrome afetiva	548142182
Síndrome do pânico	489314 81961
Sinusite	1800124
Solidão	591617 88061
Solução imediata	741
Sono "NREM"	498 9

T	CÓDIGOS
Tecido epitelial	891 389 426 319
Timidez	598412688914

Transformar o negativo em positivo	1888948

Transformar o tempo em dinheiro	4148188

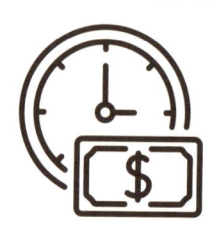

Tristeza profunda / Melancolia	614 318171 8914218
"Tudo ficará 100%" / "Já deu tudo certo"	918197185
Tumores malignos na área da boca e garganta	1235689

V	CÓDIGOS
Varizes	4831388

Vaso sanguíneo	**217 918 294 888**
Vendas (produtos vendidos – o volume do produto final vendido e pago pelo comprador)	**54121381948**

Vendas exclusivas (venda por um produtor em um determinado mercado por meio de um único representante do comércio atacadista ou varejista)	**69849131971**
Vendas intensivas (venda de produtos de consumo realizada em vários pontos de venda em que há procura por esses produtos)	**3986497851**

Vergonha	**51871631981514**
Visão objetiva	**887219454218**
Vitalidade	**498716988 079**
Vitaminas geral	**1234895**

MAIS SEQUÊNCIAS PARA USOS DIVERSOS

ESPIRITUAL	CÓDIGOS
Abrir o 3º olho ou a clarividência	**8188849482167**
Ativar Corpo de Luz (Coloque o código no corpo ou no ambiente onde você está e visualize o corpo rodeado de luz)	**91119919111**

Autorrealização	**191 317 481901**
Bondade intrínseca (seja gentil com você mesmo)	**97132185191**
Contato direto com o Criador	**11981**
Contato espiritual com G. Grabovoi (entre 22 e 23 hs - horário universal)	**3582295**
Desenvolver habilidades psíquicas (abertura do terceiro olho, clarividência)	**881881881**
Desenvolver a intuição	**35986**
Disseminação do conhecimento sobre a Terra	**9721854218**
Elevar o nível da consciência humana na absoluta liberdade, onde todos os problemas são resolvidos	**71381921**

Expansão da consciência	1888888 9 1

Eternidade	289380891498
Fonte de desenvolvimento eterno (Luz prata com luz branca para iluminar e orientar. É a Fonte de Informação Eterna. Para obter resposta imediata.)	417584217888
Iluminação	50816121 0981
Juventude eterna	1489999
Liberdade para todos os povos / Respeito étnico	9189481
Liberdade completa	721498175

Método de imortalidade (eternidade)	**219498 471**
Nova consciência na Terra	**915777918934198**

Otimização dos acontecimentos na direção do desenvolvimento eterno	**213**
Presença do Criador em tudo e em todos para uma existência perfeita	**1231115025**
Proteger a doutrina de Grigori Grabovoi	**4191**
Processamento correto da informação ou harmonia universal	**5555555**
Pensamento	**8 9888 418 704 319**

Pensamento transformado em eterno desenvolvimento	**91753217819719**
Proscrição da morte	**9718319575148179**
Purificação dos corpos	**719**
Purificação total e absoluta do Ser	**91981371** *(Concentrar-se na sequência à sua frente e ver uma luz branca brilhar em cada número)*
Resgate e harmonização geral	**14111963**

Salvação geral e desenvolvimento harmônico (Prevenção de catástrofe global)	**1784121**

Seguir o caminho do Criador (através desta sequência entra-se no vórtice da Lei da Atração)	**19712893**
Telepatia	**519489 491848**
Vida Eterna	**39718514**

HARMONIZAÇÃO	CÓDIGOS
Harmonização universal	**14854232190**
Harmonização do passado	**7819019425**
Harmonização do presente	**71042**
Harmonização do futuro	**148721091**
Harmonizar o momento atual	**8888 88888**
Harmonizar ambiente / Sustentabilidade ambiental	**97318541218**

Harmonização de plantas	**811120218**
Harmonização de animais	**55514219811 0** *(o zero é dito depois de uma pausa)*

Harmonização das relações familiares	**285555901** *(Normalização de todos os eventos envolvidos na coabitação)*
Harmonização com familiares e amigos	**814 418 719**
Harmonizar o espaço circundante	**14888948**
Ausência de conflitos no presente e no futuro	**972319891**

Futuro feliz	**97317819**
Futuro ideal	**813 791**

Solução para problema com 10 anos de antecedência (Quando você olha para o passado, os últimos 10 anos, com atitudes positivas de compreensão, empatia e perdão, você está normalizando o próximo ano, sob todos os pontos de vista.)	**189 317 514**
Trazer as coisas em harmonia	**917253481**

REGULAGEM PSICOLÓGICA	CÓDIGOS
Abasia (Incapacidade de andar, motivada por perturbações do sistema nervoso, que impedem a coordenação motora)	**814817 914212 31**
Abstinência sexual (Condição do sujeito, que se tornou impossível de ser sexualmente ativo)	**298714 318922 51**
Abstração (O processo cognitivo como uma das principais operações de pensamento; consiste na atribuição do objeto holístico e distração de todo o resto.)	**819314 919814 312**

Abulia (Síndrome psicopatológica, apatia expressa, violação intencional de força, falta de vontade e motivação para o trabalho, incapacidade de tomar decisões, de realizar a ação correta, embora a necessidade seja reconhecida.)	**419316 019817 311**
Ação	**598712 684367**
Ação e realização imediata	**718981**
Adaptação	**519487917917**
Adaptação psicológica	**591478918988912**
Adaptação sensorial (capacidade de adequação a mudanças de estímulos)	**498016 714213**
Adrenalina	**591 814 848 321**

Aferente alterado	314571089384
Comoção / Emoção (excitação, agitação intensa)	598071 319498
Agente (pessoa que transmite algo de forma extrassensorial)	599047889310
Agitação	291 814 888917 312
Aglutinação	519048 71042819
Agnosia (O cérebro não consegue interpretar as informações provenientes dos receptores, apesar de estarem funcionando normalmente.)	599806719 319
Agnosia acústica (auditiva)	589477918371
Agnosia visual	488901 317 489
Agnosia social	598428317489

Agnosia tátil	**5994780798**
Agorafobia	**909841319 8049**
Agramatismo / Afasia	**9014089184778**
Agrafia	**317488918710**
Agravamento (exagero por parte do indivíduo da gravidade dos sintomas da doença ou enfermidade e de seu estado real)	**316718916888**
Agressão (comportamento individual ou coletivo que visa causar dano físico ou mental, ou até mesmo a destruição de outra pessoa ou grupo)	**528471 228911**
Agressão direta (comportamento agressivo de natureza intencional, cujo objetivo não é escondido)	**00598714 318 914**

Agressão física (comportamento agressivo com o uso de força física contra outra pessoa ou objeto)	598755898055
Agressão indireta (comportamento agressivo que é contrário à direção de uma pessoa, ou o objeto está escondido pelo sujeito da agressão, ou não é reconhecido)	513718 91388901
Agressão instrumental (comportamento agressivo, em que atos agressivos não são a expressão de estados emocionais)	598777 888999016

Agressão reativa (surge como uma reação à frustração do assunto e é acompanhado por estados emocionais de raiva, hostilidade, ódio e assim por diante)	**489713519616**
Agressão verbal	**978316918 71**
Agressividade	**519061 718910**

Albinismo	**519317819887421**
Alessia (agnosia visual)	**299481319711**

Alexitimia (confusão entre sensações, sentimentos e dificuldade em expressar os sentimentos através de palavras; o alexitímico costuma relacionar suas sensações físicas aos seus sentimentos)	**519318814317**
Alma	**598061 291319 88**
Altruísmo	**498717319887**
Alucinação	**49871600989**
Ambição	**51648 917917**
Ambidestria	**391814919007**
Amizade	**8901 678 914 81**
Acomodação	**298 388014712**
Amnésia	**41854328**
Amnésia anterógrada	**418543298**
Amnésia defensiva	**4185432319**

Amnésia experimental	94185432
Amnésia histérica	4984185432
Amnésia infantil	418543252 1
Amnésia pós-hipnose	41854321
Amnésia retroativa	4185432418
Amor	888 412 1289018
Amor pelo trabalho	489 713894 814
Ânsia	54857121918
Ansiedade (que provoca insônia)	51949131948
Apatia	938 781 411 8779801
Apneia	841900 191 891
Aprender	847136 3919 512
Assimilação	419712819
Associação	591 482 891098
Atenção	391118918714
Atenção externa	598716 319811

Atenção interna / Autoconsciência	**498716319817**
Ativação (um estado do sistema nervoso que caracteriza o nível de excitação e a sua reatividade; palpitações, resistência da pele, pressão arterial, alteração na respiração, etc.)	**594887319827**
Ativação fisiológica	**598789988481**
Ativação nível individual	**891488918917**
Ativação psicológica	**81972888998217**
Atividade / Dinamismo	**589398719888**
Atividade independente	**598881488012**
Atividade geral	**84197918712814**
Atividade psíquica (biorritmo)	**319817919227**

Atração	**314819 719 579**
Atribuição	**918919 818 714**
Atrofia	**314812 819714**
Audição (transtorno)	**51989519491**

Ausências (blackout de curto prazo provocado por fadiga, bloqueando a consciência)	**518916 319717 81**
Autoagressão (ações agressivas dirigidas a si mesmo; manifesta-se como autoculpa, auto-humilhação, ferimentos autoinfligidos, comportamento suicida)	**5148 714 318 912 81**
Autoafirmação	**4894971**

Autoconfiança (segurança)	517 489719 841
Autocontrole	548 49 18917
Autoscopia (experiência em que a pessoa, acreditando estar acordada, vê seu corpo, o ambiente e o mundo à sua volta como se estivesse fora do seu corpo físico)	594899706541
Auto-hipnose	512 319 4198 17 47

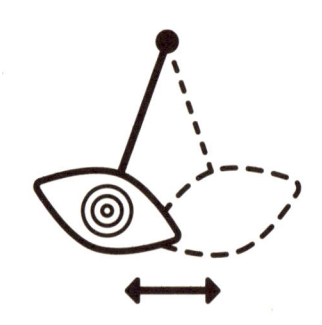

Autossugestão	519 311 / 31849498712
Autotreinamento	498017999067

Autocratismo (características sociais e psicológicas do indivíduo que refletem a autoridade e poder e que, no desempenho dessas funções, demonstra propensão a recorrer a métodos não democráticos de exercer influência sobre as outras pessoas, dando ordens, instruções, penalidades, etc.)	**5143178149189**
Automação (ações executadas de forma inconsciente)	**498714 319814 914**
Automatismo (automatismo inconsciente; ações implementadas sem a participação direta da consciência)	**589318 714917 31**

Autoridade (posição de)	914 881712
Autoritarismo / Autocracia	514901609
Autoritário	518 396 7498 10
Autoridade	59481737
Avocalia	518 514 3189 12 512
Autodesenvolvimento	318719 819
Autoestima	49181951749814
Autorrealização	319612719849
Autorreflexão	54931781949614
Barbiturismo (toxicomania de barbitúricos)	498714 319888
Bioenergia (retorno da pessoa ao seu estado natural)	918714
Cansaço / Fadiga	518491498
Capacidade de adaptação	319016 819728

Capacidade de adaptação sociocultural	**891488319 712**
Capricho	**523 488719**
Caráter	**51486710964 849**
Caracterologia (estudo do caráter)	**31961751988**
Cérebro	**314218318818**
Claustrofobia	**489317918999**
Colapso	**8914320**
Competência	**519788919489**
Compreender	**428 64131819**
Compreensão recíproca	**314821069 711**
Comunicação	**49871961914**
Conflito	**518716319414**
Consciência	**548 917 818**
Coragem	**5986819 06888914**
Debilidade	**8980 719 88 091**

Demência	**591899016791 091**
Dependência (liberar-se da carga)	**898716 068 714**
Depressão	**519514 319891**
Desejo	**538417 988069**

Desejo impulsivo	**591814918791 068**
Deslocamento / Repressão, Supressão (processo pelo qual os pensamentos inaceitáveis do indivíduo como memórias, emoções e impulsos são banidos da consciência e traduzidos no inconsciente, continuando a influenciar o comportamento individual, manifestando-se em forma de ansiedade, medo, etc.)	**59871798139**

Despersonalização	**319 488 891728**
Determinação / Firmeza	**559 3178890619**
Determinação / Resolução (capacidade de tomar decisões de forma independente e responsável para implementá-las em constante atividade; característica que se manifesta em situações complexas em que a ação é associada com algum risco e a necessidade de escolher entre diferentes opções)	**498518498**
Diagnóstico	**598 561988079**
Discriminação	**518417 398678**
Disfunção	**511 019489 48**
Dissimulação	**519 068719 331**

Distúrbio do sono (insônia ou sonolência excessiva)	514248538
Doença	548764319 017
Doença / Transtorno Psicossomático	819488 7193881
Doença mental / Transtorno Psíquico	8345444
Doenças nervosas (ansiedade, palpitação, nervosismo ou dificuldade de respirar)	148543293
Empatia	816498917314
Energia	818918888841498
Energia e Perseverança	37586748578
Epilepsia	589712 498 164
Esperança	489061 719 88 0618
Esquizofrenia	1858541

Falsidade	319 814 71978
Fantasia / Sonho	219817 318887
Fascinação	58961331948
Fobia	59873189849
Formação / Educação	319 314 8917 918
Frigidez (falta de prazer)	5148222
Gagueira	898071 318 42
Gênio	519 007 918 788
Harmonização geral do estado psicoemocional (síndromes histéricas)	5154891
Hidrofobia	548712618317
Hedonismo	498714898
Hiperatividade na infância	519488 71631
Hipnose	498 712688001

Hipocondria	1488588
Idade mental	319744818914
Idade precoce	408712
Idade psicológica	81842171482631
Ideal	319448719 01
Ilusão	589461 718 01
Imagem (visão subjetiva do mundo ou de seus fragmentos; uma noção subjetiva dos objetos do mundo externo)	319418 418
Impotência	8851464
Impulsividade	48801678918
Incompatibilidade / Inadequação	49861731914
Inconformismo	319 316 418
Inconsciência	489 091319611
Inconsciente coletivo	7898 898 742

Inconsciente supremo / Supraconsciente / Consciente superior (portador dos divinos arquétipos)	**519 377898 997**
Independência / Autonomia	**598641718948**
Infantilismo	**489618 719 31**
Influenciar positivamente a memória (Manutenção das sensações das experiências na consciência, sem que essas lembranças nos afetem de forma negativa. É a condição necessária para o desenvolvimento da capacidade de simpatia e compaixão. É o chão da maestria em várias ocupações.)	**61 988 184 161**

Inibição	488610914
Inspiração	891498314 719
Instabilidade emocional	49871421
Integração social	548321819911
Integridade	514918598461
Interferência	498617 889 511
Introspecção	319815419814
Intuição	489611 094 892
Inveja	489714318 591
Liberdade	514894719
Libido	5986179184 91
Líder	418914 318 718

Livrar o corpo de qualquer evento adverso (Definida como uma energia negativa, toxina ou distúrbio psicofísico. Usar também como preventivo, para manter o corpo com o campo limpo.)	9988676258834372
Manipulação	489061 7184

Medo da morte	548 491 318 816
Memória Processo cognitivo	319 061 988 18
Memória Transtorno	1 981 14806
Mente	319 368 894178496
Modo Frenético	9184819

Negação involuntária real (variedade de condições negativas que causam o aparecimento de doença devido a privação material, conflitos familiares, casamento infeliz, condições sociais desfavoráveis, bem como a gravidade das exigências morais da personalidade)	6178 191 519413
Neuroses (eliminar, neutralizar as neuroses e as ansiedades)	48154211
Neurótico	59874251 898016
Normalização das condições psicológicas não harmônicas	59871798139
Objetivo (meta) na vida	598 041 81939178
Objetividade	31941 891 168
Obsessão	498617 918 1

Ódio	**498 681 019 4**
Organização	**918471 318 9421**
Otimismo	**498 9171 81948**
Pânico	**489314 81961**
Pânico de multidão	**189314 31961**
Paradigma	**298 714 31918**
Paranoia	**185432191**
Patologia	**489 911618711**
Pensamento	**8 9888 418 704 319**
Pensamento intuitivo	**9888 418 4 319 289**

Percepção humana	**81454671 948917**
Pessoa otimista	**48951484817**
Prazer	**519411 819 14**

Preocupação	317 841 491857
Pressão (psicológica)	897489 712 698
Problema de aprendizagem	519581 488 19
Psicose Maníaco Depressivo (PMD) / Transtorno bipolar / Estados compulsivos	8142543
Reabilitação	517894 594617
Reação	584197381
Rejeição / Negação	31918 617 19
Regressão	58442871324
Resistência do inconsciente	548491698719
Responsabilidade	517 314 81 911
Retirada imediata do impacto negativo	4748132148
Segregação	81849149487
Self (ativa a sua Essência Absoluta)	549817

Sentimento de culpa	**3175196148569419**
Sexualidade	**489191798641**
Sofrimento	**548317489417**
Simbiose	**519 918 491**
Síndromes afetivas	**548142182**
Situação limítrofe	**5183178191491**
Situação problemática	**51481421951**
Sonho	**48131931781**
Subconsciente	**379814 918 01**
Superego	**4848948517**
Talento (habilidades que garantem o desempenho de uma atividade)	**519 514 31988**
Talento (alto grau de desenvolvimento de competências que se manifestam por meio de realizações criativas)	**5984971841**

Telepatia	**519489 491848**
Transferência / Atitude / Abordagem (atitude mental: tipo de associação psicoterapêutica que tem como objetivo estabelecer a relação entre o médico e o paciente à semelhança do que acontece na relação mãe-filho)	**71 8189 141871**
Transtorno de Déficit de Atenção	**498 611 01931**
Transtorno de personalidade	**519361 819 41**
Trauma psíquico	**49851431918**
Velhice	**519 317 849 317**
Vida	**889041 3189888**
Vontade	**513964 818 91**

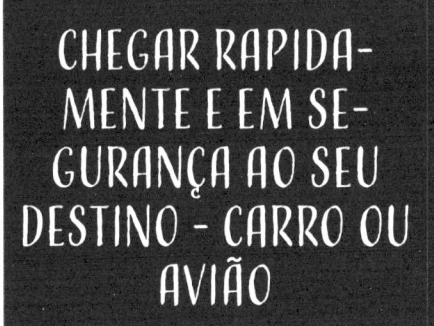

CHEGAR RAPIDAMENTE E EM SEGURANÇA AO SEU DESTINO – CARRO OU AVIÃO	CÓDIGOS
CRIAR UMA ESFERA, FOCAR EM UM PASSEIO SEGURO E TRANQUILO, E COLOCAR OS NÚMEROS:	
Prevenção de acidentes de trânsito	11179
Dissolução de engarrafamentos	52025
Voo (voar em segurança)	97814321

Segurança de voo em uma aeronave	19837198

CORPO ESTRANHO	CÓDIGOS
Nos brônquios	5485432
No canal do ouvido	54321545
No esôfago	14854321
No estômago	8184321
No tecido mole	148543297

CURA / RESTAURAÇÃO	CÓDIGOS
Autocura	721348192
Autocura do corpo	9187948181
Dano celular de qualquer tipo	33 45 634
Diagnóstico de saúde (todos ou desconhecidos)	1884321
Energia e resistência	37586748578

Energia e estabilizador da saúde	99477867785
Restaurar a saúde e harmonizar o evento para todos	88888588888
Regeneração de órgãos	419312819212
Saúde perfeita (padrão absoluto de saúde para todos e para você)	1814321

Tireoide e paratireoide (glândulas)	219 318 219 471

DIVERSOS	CÓDIGOS
Capacidade jurídica	4817190 478

Controle de eventos	**942 181 942 137 142 133 194** *(Números universais, em conjunto, para controlar eventos.)*
Criar circunstâncias favoráveis	**419 488 71**
Equipamento quebrado ou com defeito	**741**
Eliminar bloqueios	**12516176**

Energia necessária para a vida eterna de cada pessoa	**91809814**
Eventos passados corrigidos no presente e no futuro	**91431289**
Evitar todos os tipos de explosões, escândalos e agressões	**9371857195**

Formar nova consciência coletiva	**915777918934198**
Garantir que o problema não acontecerá novamente	**91371895**
Gestão dos acontecimentos reais	**81884321**
Harmonizar todos os eventos	**741**
Neutralizar informações negativas do passado, do presente e do futuro	**91371985**
Normaliza todos os elementos químicos do corpo humano	**51821421728**
Preencher a situação de conhecimento e resolvê-la	**193751891**
Proteção de todo o corpo	**9187758981818**

Proteger contra qualquer coisa (útil em casa, viajando, antes de reuniões e em caso de litígio)	**71931**
Protege da radiação e da radioatividade	**8149**
Proteção e restauração da Terra e o aumento dos recursos naturais no processo de desenvolvimento	**914712 819 19 84**
Reduzir a criminalidade nas cidades	**978143218**
Recuperação da Norma do Criador na Terra e no Cosmo próximo	**19725181** *(Imaginar a sequência numérica expandindo-se por todo o globo terrestre a partir do Polo Norte.)*
Recuperação de plantas (flora)	**718884219011 0 9**

Relações harmoniosas com membros da família e amigos	**814 418 719**
Replicar DNA conforme a Norma do Criador	**641 849 8989**
Resolução de problemas sociais	**8137142133914**
Resolução da questão e do problema	**25122004**
Restaura a Norma da água presente no organismo	**51951348988**
Reúne informações para a Norma do problema	**97319819** *(Funciona como um bumerangue que, ao ser projetado para o espaço, retorna com a informação recolhida para normalizar e resolver o problema.)*
Ser organizado	**419875**

Sistema universal aplicado a todos, em todos os lugares e sempre	**14854232190**
Solução de problemas	**9788819719** *(A sequência desce verticalmente em forma de um Pilar de Luz, transformando a solução do problema em resolução Universal.)*
Transmissão instantânea da informação com menor resistência e distorção	**917318918**
Trazer as coisas em harmonia	**917253481**
Tudo é possível ("realize qualquer desejo")	**519 7148** *(Atentar para a realização da limpeza antes de utilizar essa sequência.)*

Talismã (protege e ajuda)	817219738

DORES	CÓDIGOS
Dor (anestésico)	59189171 481
Dor no calcanhar	498712891319
Dor de cabeça	4818543
Dor na coluna	8888881
Dor no peito	8124567
Enxaqueca (hemicrania)	4831421
Enxaqueca (neuralgia migranosa)	4851485

EMAGRECIMENTO	CÓDIGOS
Desequilíbrio metabólico	**1823451**
Obesidade (reduzir o peso)	**68476739287**

HÉRNIA	CÓDIGOS
Hérnia	**95184321**
Hérnia de disco	**5481321**
Hérnia diafragmática	**5189412**
Hérnia diafragmática congênita	**518543257**
Hérnia fetal (cordão umbilical)	**5143248**

HORMÔNIO	CÓDIGOS
Hormônios	38649129871
Hormônios hipotalâmicos	84849121961
Hormônios da pineal	51349148741
Hormônios hipofisários	84971261749
Hormônios da tiroide	53149874121
Hormônios da paratireoide	51421721861
Hormônios pancreáticos	31421721861
Hormônios adrenais	31484121671
Hormônios da medula adrenal	49874121861
Hormônios sexuais	314217218618
Hormônios ovarianos	64831484971
Estradiol	52143219891
Testosterona	51454214389

Progesterona	**51421541981**
Estrógeno	**49874121861**

PROTEÇÃO	CÓDIGOS
Controle dos eventos	**942161942**
Libertar de uma catástrofe global	**98818891**
Prevenção de terremotos	**175421891891**
Prevenir desastre ambiental	**42175672428**
Proteção contra ataques terroristas	**98317591**
Proteção geral	**9187756981818**
Proteção de qualquer evento adverso, para todos e para você mesmo	**71931**
Proteção contra bombas / terroristas	**718914391**

Proteção contra atiradores de elite	**8193917841**
Proteção contra balas (balas perdidas)	**91781421**
Proteção contra armas brancas	**91471**
Proteção contra gases tóxicos	**99817**
Proteção contra armas químicas	**3194217**
Proteção contra afogamento	**9117118887**
Proteção contra envenenamento toxicológico	**918879189147**
Proteção contra doenças virais (também da gripe suína e gripe aviária)	**7794218**
Proteção contra infecção bacteriológica	**9198310917**
Proteção contra exposição de radiação	**91297189194198**

SISTEMA MÚSCULO-ESQUELÉTICO	CÓDIGOS
Bursite	75184321
Câimbras e espasmos	51245424
Choque traumático (severa reação do corpo com trauma tecidual maciça e perda de sangue)	1454814
Coluna e pescoço	5481321
Coluna vertebral	214 217 000 819

Coluna cervical	312 218 212 918
Coluna torácica	214 217 814 717
Coluna lombar	498 217 218 227

Sacro	**213 819 222 218**
Cóccix	**218 312 248 228**
Contorções	**5123145**
Concussão	**51843213**
Contratura de Dupuytren	**5185421**
Contusão (hematoma)	**0156912**
Corpo (fazer todas as partes, em estado cooperativo, trabalharem juntas)	**778899003**
Correção das articulações / Contratura das articulações	**8144855**
Distrofia muscular progressiva	**85432183**
Distúrbios das articulações	**5421891**
Distonia vegetativa	**8432910**
Dores nas articulações	**5421891**

Dor na coluna	**8888881**
Espondilite anquilosante	**4891201**
Fraturas ósseas	**7776551**

Gota do dedão do pé	**51454322**
Gota	**8543215**
Hemartrose	**7184321 / 4857543**
Joanete (hálux valgus)	**5418521**
Lesões e doenças músculo esqueléticas	**514218873**
Lesões e doenças ortopédicas (sequela de traumas)	**1418518**
Luxações	**5123145**
Mononeuropatia (neurite e neuralgia)	**4541421**

Paralisia facial / Neuropatia do nervo facial	**518999955**
Pé chato	**1891432**
Pé torto congênito (pé equino)	**485143241**
Perda da Mobilidade	**48145428**
Pseudoartrose (falsa articulação)	**4814214 / 8214231**
Radiculopatia Discogênica (coluna e pescoço; pode ser usado para ciático)	**5481321**
Rompimento do menisco	**8435482**
Tendinite / Tenossinovite	**1489154**
Torção	**5148517**
Torcicolo	**4548512**
Vértebras	**498 641 319 048**
Vértebras do pescoço (da 3ª à 6ª)	**498 317 218 641**

TESTES / PROVAS / SUCESSO ESCOLAR	CÓDIGOS
Compreender melhor a lição	1798175
Determinação e foco para aprendizagem	212585212

Melhorar a memória	5893240
Memória / Processo cognitivo	319 061 988 18
Processamento de informações	5555555
Sucesso nos estudos	398 117 918

VÍCIOS	CÓDIGOS
Alcoolismo	148543292

Alcoolismo crônico	**148543292317 914**
Dependência alcoólica do embrião	**4845421**
Dependência Química	**5333353**
Vício em nicotina	**1414551**

CIDADANIA	
DIREITOS E DEVERES	**CÓDIGOS**
Direitos econômicos	**2219481498**
Liberdade para usar suas habilidades e ativos em atividades econômicas autorizadas por lei	**9188898981**
Liberdade para trabalhar, escolher as atividades e a profissão	**4199817189**

Direito ao trabalho e ganhos que não sejam inferiores aos níveis legais	9188912481
Direito de conflitos trabalhistas individuais e coletivos, incluindo greves	9842981988
Direito à indenização estatal por danos causados por autoridades públicas	91289481988

DIREITOS SOCIAIS	CÓDIGOS
Direitos sociais	98891498889
Direito ao descanso	2192194888

Proteção do Estado à maternidade e à infância	**4198199289**
Segurança social	**8194897589**
Saúde e cuidados médicos	**9489179189**
Direito à assistência médica qualificada	**9274810494**
Direito à educação	**9888949148**
Direito à habitação	**9188894219**

DIREITOS CIVIS	CÓDIGOS
Direitos civis	**2178918891**
Direito à vida	**8181899888**
Proteção da dignidade pessoal	**8191547989**

Liberdade e segurança	**9188049798**
Integridade da vida privada	**2188809489**
Segurança residencial	**4194817818**
Liberdade de escolha da nacionalidade e da língua	**5189179811**
Liberdade de locomoção e de residência	**4981948921**
Liberdade de consciência e de religião	**8188881489**
Liberdade de expressão	**8948971118**
Liberdade de imprensa	**4998189188**
Direito de não incriminar a si próprio e a parentes	**7194881948**
Direito de exercer plenamente os seus direitos civis a partir dos 18 anos	**9881472918**

Direito de manter a dupla cidadania	**498989708**
Direito de propriedade	**561481**
Direito a um ambiente saudável	**9418880123**
Liberdade de criatividade e participação na vida cultural	**2981894289**
Conservação da natureza e proteção do ambiente	**219488898912**

DIREITOS POLÍTICOS	CÓDIGOS
Direitos políticos	**1112849818**
Direito de formar associações civis e políticas	**9718197801**
Reconhecimento da diversidade política, pluripartidária	**8111981979**

Direito de realizar reuniões, comícios, manifestações e marchas	**8914897994**

Direito de participar na gestão	**3948981971**
Direito de eleger e de ser eleito	**8014891814**
Defender a pátria	**901 880 194 759**
Prevenção da violação dos direitos e liberdade do outro	**818904894812**

ANIMAIS	CÓDIGOS
Compreensão (os animais vêm a nós por ressonância e transmutam a nossa energia)	**498781219849**

Desenvolver comunicação com animais de estimação ou pássaros	**891497 894981**

Resgate harmonioso e eterno desenvolvimento do verdilhão	**318016519648**
Salvação e eterno desenvolvimento dos porquinhos-da-Índia	**519691819798**
Eterno desenvolvimento para os leões	**518641219748**

Eterno desenvolvimento para os peixes	**519371218641**

Golfinhos (Hipercomunicação / Tranquilidade / Habilidades Sociais)	51381421971

Cavalos (Liberar toxinas, venenos do corpo através da linfa)	3186142198 *(Dar o comando às células linfáticas: "Abrir as comportas, transportar e liberar as toxinas do corpo, agora!")*

CÃES	CÓDIGOS
Abcesso	318649571
Acne	195671945

Afecções do ouvido (geral)	**618514217**

Aparelho de suporte e movimento	**581214218731**
Aurícula	**386541218749**
Broncopneumonia	**301298718**
Bronquite	**649781316**
Carbúnculos	**316897894**
Conduto auditivo externo	**219849217564**
Cura dos órgãos digestivos	**31651219714**
Curar doenças	**549371298**
Dermatites	**897598641**
Dermatofitose	**651318014**
Doenças de pele (geral)	**547218581**

Doenças fúngicas (geral)	513498791
Doenças do trato respiratório (geral)	581019641
Eczema	749316891
Eczema e dermatite da orelha	549781217
Enfisema	361017298
Esôfago	168741298361
Estômago	894741298491
Fêmur	398648598781
Foliculite	531216478
Furúnculos	537518941
Garganta	531298498781
Laringe	389718516314
Laringite	539101808
Lupus eritematoso sistêmico	581298648

Membrana do tímpano	**3975186 98741**
Nariz	**518541219648**
Normalizar o fígado	**316581219714**
Órgão de visão	**318541298648**
Osteofoloculite	**129748581**
Otite	**368549741**
Pioderma	**145648741**
Pleurisia	**498741217**
Pneumonia crupal	**301298641**
Pulmão	**314801516497**
Regenerar células	**598 64 18**
Rinite	**898641217**
Sarna (geral)	**361891719**
Sistema músculoes-quelético	**581214218731**
Sistema respiratório	**517819319641**

Tensor do tímpano	895641298714
Tímpano	314648219887 / 895641298714
Úlcera do pavilhão auricular	478598641

GATOS	CÓDIGOS
Regenerar células	47 1918 498

Doença do sistema nervoso	368749871

NEGÓCIOS	CÓDIGOS
Abundância Financeira	318 798 (Escrever num pedaço de papel e colocar na carteira.)

Aceitação / Admissão	**51831849561471**
Ações	**617319819491**
Adiantamento	**914719318 916**
Ajuda rápida para as pessoas, para que possam dominar Tecnologias da Nova Consciência através de seu próprio negócio	**914 819 87**
Alcançar metas	**894 719 78 48**
Alugar	**71931851481**
Análise de mercado	**514819319617**
Ano-Base	**581318718492**
Arrendamento / Concessão	**49718016541**
Asseguração (seguro de produto acabado, de bens móveis e imóveis)	**54831489518**
Ata	**984 316 519880168**

Ativo	**319819497817**
Auditoria	**514318519417**
Auditor	**319471897185**
Automação da manufatura	**516318719419817**
Automação	**519319718 49**
Balanço	**481617319514**
Balanço de receitas e despesas	**71948919814**
Banco	**318614564817**
Banco de dados automatizado	**519617**
Base	**318471819712**
Base fiscal e tributária	**718481061498**
Benefícios fiscais	**64851731941**
Capacidade de desenvolver uma gestão com visão de futuro para a auto-organização pessoal	**419 818 719 849**

| Carreira | **21461 8319 917** |

Carta de Crédito	**519481919 89**
Certificação dos locais de trabalho	**518648798181**
Comando Econômico	**519648319 817**
COPYRIGHT	**519 418 712**
Correção de resultado em cartório	**91738919**
Crescimento de pequenas empresas em médias e grandes empresas (mediante a aplicação dos métodos de vida eterna e desenvolvimento)	**419 819 719 81**
Correção de eventos passados nos negócios	**28914801890498**

Criação e promoção de site	**8198884898481**

Deflação	**564517 498748**
Depreciação	**519318491417**
Desemprego	**318514517618**
Desenvolver perspectiva	**819 716**
Desenvolvimento de fontes de financiamento	**518 491 617**

Desenvolvimento Eterno (princípio da imortalidade)	**419 318 88941898** *(Antes de qualquer atividade com o objetivo de alcançar o Desenvolvimento Eterno, concentrar na série inteira ou somente nos três primeiros dígitos. Pode-se enviar essa sequência para outra pessoa, adicionando-se: 2890618. Falar a primeira série e acrescentar a sequência designada para outra pessoa: 419 318 88941898 + 2890618.)*
Desenvolvimento de negócios em outros países	**719 419 811**

Desenvolvimento profissional ("ir adiante")	**138**
Dominar as habilidades e hábitos necessários para manter negócio eterno	**514918919**
Desenvolvimento econômico / Harmonizar negócios	**289 471 314917** *(Falar mentalmente essa sequência, percebendo o desenvolvimento eterno na esfera econômica.)*
Desenvolvimento de tecnologias de negócio em uma produção e vendas de acordo com os princípios de cura e desenvolvimento eterno	**519 498 719 41**
Domínio de saberes e hábitos necessários para liderar negócios eternos	**514 918 919**

Ecologia para o desenvolvimento eterno	**31914 51678109849**
Eficiência na alocação (distribuição mais racional dos recursos biológicos na direção do seu destino final)	**561418519471**
Eficiência na gestão	**81319719**
Empreendedorismo	**917 498 814 316**
Energia para transformar (usar em qualquer situação)	**918 09814**
Equilíbrio entre oferta e demanda	**471819514317**
Estabilizar negócios	**419 488 71**
Estabilidade em questões de negócio	**212309909**
Fluxo de material	**61971841**
Fluxo do dinheiro real	**619 714 218 41**
Foco no resultado	**718 419 47148**

Formação do fator de informações de progressão eterna	**964 819 891 3189** *(Fator de informação é a coleta, processamento, armazenamento e disseminação de informações úteis e essenciais para a atividade humana. Essa série com a adição dos números 914 na frente, pode ser usada no processo de ressurreição quando da realização de negócios e permanência de pessoas para um negócio bem sucedido.)*
Fundo de amortização	**489317519814**
Gama (produtos agrupados de acordo com a qualidade, marca, tamanho, tipo, etc.)	**49131851847**

Imóvel	**189 472194898**
Imobilizado de uso	**519317498516481**
Impostos	**271318371478**
Independência de pequena empresa	**819 419 714**
Inflação	**58421721941**
Leilão	**598491319814**
Liberdade	**9189481**
Limiar da pobreza	**491 216498 27**
Lucro / Aumentar as vendas de varejo	**619 714 218 41**
Negócios	**194198514716**
Norma do eterno desenvolvimento	**91688** *(Usar esta sequência caso perceba resistência ao usar outras sequências.)*
Normalização dos problemas orçamentários	**137142133914**

"O tempo não é fator de um evento"	**914 419 81**
Otimização do trabalho	**419 814**
Pagamento de impostos e taxas	**912894989788**
Política antimonopólio do Estado	**59831849714**
Práticas anticompetitivas	**491318516497**
Preço	**519491 498 614 718 712**
Produção vendida	**54121381948**
Profissão	**214618319 917**
Prosperidade / Normalização da situação financeira	**71427321893**
Recuperação de energia física, mental e espiritual usadas no trabalho	**8918 014 915 6481**

Relatório	**798 612319718**

Saber como utilizar o tempo	**814 418**
Salário adicional	**689 718514371**
Salário / Pagamento	**914 489198 71**
Sociedade Anônima (S.A.)	**5163184101482**
Sucesso nos negócios e ampliação do capital	**819 048 714 391**
Termos básicos de entrega	**514031489604**
Transformação do tempo em dinheiro	**4148188**
Trabalho	**649 714819 217**
Valor Patrimonial	**51489119489**

RECUPERAR-SE DE DOENÇAS GASTROINTESTINAIS	CÓDIGOS
Diarreia	218 64 91
Corydalis ambígua	394 712 498 671 948
Distúrbios intestinais	56481 4
Cedrela sinensis	184 916 394 178 191
Dores de estômago	69131728947

Artemísia	648 541 219 364 59
Vômito	548 64854891
Pilriteiro	219 648 317 849 217
Restaurar o fígado	485 64871

Restaurar o estômago	319 714848
Recuperar de distúrbios gastrointestinais	481 719518
Bolsa-de-pastor	498 718 391 481 514
Para o estômago	898898478213
Citrus	184 596 491 384 516

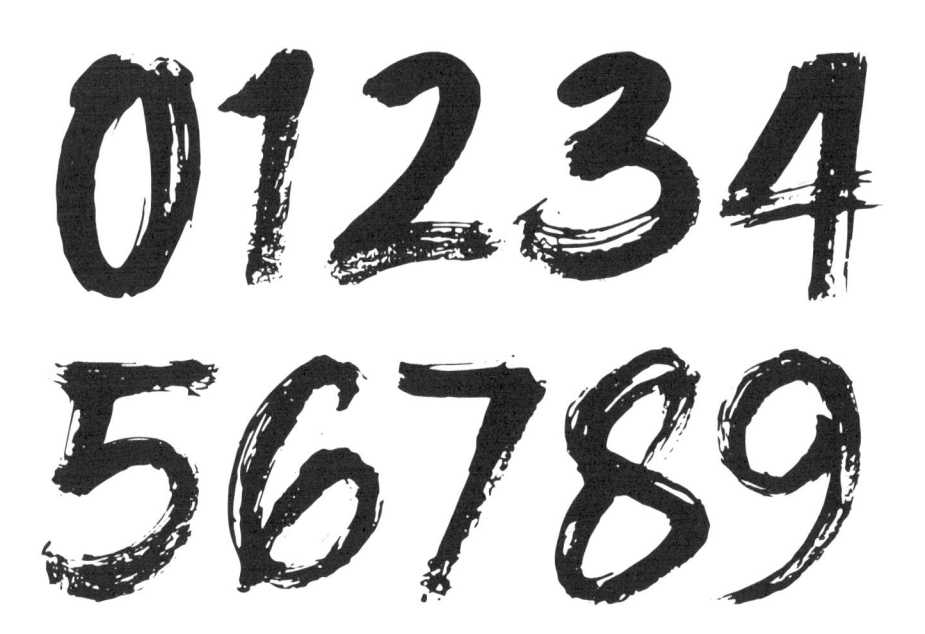

GRABOHACK

741 é o código para eterna alegria, macro salvação e resolução instantânea de problemas.

Comandar 741 (3x):
741
741
741

Em seguida dizer a sequência 889 (1x) que é o código numérico para concretização de seu objetivo em um nível físico:
889

Pronunciar o número 8 para liberar a informação e enviar seu objetivo ao Universo:

8
Iluminar > data > hora > ∞

REJUVENESCIMENTO	CÓDIGOS
Focalize uma foto sua quando jovem	2145432 2213445

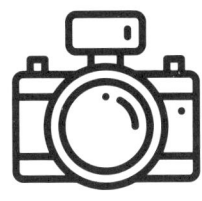

Focalizando em plantas	1234814 1421384
Focalizando em pedras	8275432 8223745
Método de Rejuvenescimento	374298
Prevenir processo de envelhecimento	4975 19121489731864 9781
Células e tecidos	829 3791 429 841
Rejuvenescer pele	519 606 901 319
Rejuvenescimento	514
Pele mais jovem	34672648366

Autocura do organismo	**817992191**
Colágeno	**58964959431**
Elastina	**38649121871**
Proteínas estruturais	**68974129891**

FLACIDEZ	CÓDIGOS
Sistema muscular	**214 712 314 222**
Músculos	**898 811 919 218**

Tecido epitelial	**891 389 426 319**
Tecido conjuntivo	**719 317 918 517**
Colágeno	**58964959431**

DOENÇAS E CONDIÇÕES DESCONHECIDAS	CÓDIGOS
Doenças e condições desconhecidas (geral)	**1884321**

Às vezes é difícil determinar não apenas o diagnóstico, como também a enfermidade. Para esses casos foi criado o presente capítulo especial. A ideia do método é a seguinte: o corpo humano se divide em sete partes, então as citaremos, colocando ao lado a sequência numérica correspondente.

SEQUÊNCIAS NUMÉRICAS RESTAURADORAS PARA DIAGNÓSTICOS, DOENÇAS E CONDIÇÕES DESCONHECIDAS	
Cabeça	**1819999**
Pescoço	**18548321**
Braço direito	**1854322**

Coluna vertebral	**214 217 000 819**
Coluna cervical	**312 218 212 918**
Coluna torácica	**214 217 814 717**

RESTAURAÇÃO DO ORGANISMO HUMANO

ESTADOS CRÍTICOS	CÓDIGOS
Estados críticos (geral)	**1258912**
Choque traumático, choque e estados de choque	**1895132**
Coma	**1111012**
Insuficiência cardiovascular aguda	**1895678**
Insuficiência respiratória aguda	**1257814**
Parada cardíaca (morte clínica)	**8915678**

DOENÇAS TUMORAIS	CÓDIGOS
Doenças tumorais (geral)	8214351
Câncer de lábio	1567812
Câncer das glândulas salivares	9854321
Câncer da glândula tireoide	5814542
Câncer de pulmão	4541589
Câncer de estômago	8912534
Câncer de esôfago e garganta	8912567
Câncer de fígado	5891248
Câncer dos órgãos genitais feminino	5148945
Câncer de vesícula biliar	8912453
Câncer dos dutos biliares extra-hepáticos	5789154

Carcinoma da papila duodenal	**8912345**
Câncer do pâncreas	**8125891**
Câncer de rim	**56789108**
Câncer da bexiga	**89123459**
Câncer de pele	**8148957**
Câncer de mama	**5432189**
Câncer de cólon, reto e intestino grosso	**5821435**
Câncer de próstata	**4321890**
Câncer de pênis	**8514921**
Câncer de ureter	**5891856**
Câncer de ovário	**4851923**
Carcinoma da vagina e genitália externa	**12589121**
Hematosarcoma e linfoma	**54321451**

Leucemia	**5481347**
Linfogranulomatose (doença ou linfoma de Hodgkin)	**4845714**
Linfomas da pele	**5891243**
Melanoma	**5674321**
Mesotelioma	**58912434**
Neuroblastomas	**8914567**
Rabdomiossarcoma em crianças	**5671254**
Sarcoma de tecidos moles	**54321891**
Sarcoma de Kaposi	**8214382**
Tumores do cérebro (cabeça e medula espinhal)	**5431547**
Tumores do cérebro	**5451214**
Tumores da laringe	**5148742**
Tumor da medula espinhal	**51843210**

Tumor de pele	**1458914**
Tumores do sistema nervoso periférico	**514832182**
Tumores orofaringe malignos	**1235689**
Tumores nasofaringeos	**5678910**
Tumores de cavidade nasal e seios paranasais	**8514256**
Tumores da glândula paratireoide	**1548910**
Tumores da glândula adrenal (supra renal)	**5678123**
Tumores do pâncreas a partir das ilhas de Langerhans (insulinona)	**8951432**
Tumores malignos dos ossos	**1234589**
Tumores malignos do intestino delgado	**5485143**

Tumor maligno do testículo	**5814321**
Tumores do útero	**9817453**

SEPTICEMIA	CÓDIGOS
Septicemia (geral)	**58143212**
Septicemia (aguda)	**8914321**
Septicemia (crônica)	**8145421**

SÍNDROME DE COAGULAÇÃO INTRAVASCULAR DISSEMINADA DO SANGUE	CÓDIGOS
Síndrome de coagulação intravascular disseminada do sangue (geral)	**5148142**
DIC (doenças isquêmicas do coração)	**8123454**

DOENÇA DOS ÓRGÃOS DA CIRCULAÇÃO SANGUÍNEA	CÓDIGOS
Doença dos órgãos da circulação sanguínea (geral)	1289435
Aneurisma de aorta	48543218
Aneurisma do coração	9187549
Arritmia cardíaca	8543210
Angina pectoris	8145999
Aterosclerose	54321898
Asma coronária	8543214
Bloqueio do coração (átrio ventricular)	9874321
Cardiomiopatia	8421432
Crises vasculares	8543218
Cardíaca pulmonar	5432111

Cardialgia	**8124567**
Colapso	**8914320**
Crise hipertensiva	**5679102**
Defeitos cardíaco adquirido	**8124569**
Defeitos cardíaco congênito	**9995437**
Distonia neurocirculatória (NTSD)	**5432150**
Distonia vegetativo--vascular	**8432910**
Distrofia do miocárdio	**85432104**
Isquemia cardíaca	**1454210**
Doença cardíaca reumática	**5481543**
Edema pulmonar	**54321112**
Endocardite	**8545421**
Enfermidades do sistema sanguíneo	**1843214**

Esclerose coronária	**4891067**
Hipertensão arterial	**8145432**
Hipotensão arterial	**8143546**
Infarto do miocárdio	**8914325**
Insuficiência cardíaca	**8542106**
Insuficiência vascular	**8668888**
Insuficiência circulatória	**85432102**
Miocardite	**8432110**
Miocardiopatia	**8432142**
Obstrução arterial (trombose arterial)	**81543213**
Parada cardíaca	**8915678**
Pericardite	**9996127**
Tromboflebite flebotrombose	**1454580**
Varizes	**4831388**
Vasculite	**1894238**

DOENÇAS REUMÁTICAS	CÓDIGOS
Doenças reumáticas (geral)	8148888
Arterite (de células gigantes)	9998102
Artrite degenerativa (Osteoartrite; Osteoartrose (deformante); Degeneração das articulações)	8145812
Artrite infecciosa	8111110
Artrite microcristalina	0014235
Artrite reumatoide	8914201
Arterite de Takayasu	8945432
Artropatia psoriásica	0145421
Dermatomiosite (Polimiosite)	5481234
Doenças difusas do tecido conjuntivo	5485812

Doença mista do tecido conjuntivo aguda	1484019
Doenças das articulações	5421891
Doenças reumáticas perivasculares dos tecidos moles	1489123
Esclerodermia	1110006
Espondilite anquilosante	4891201
Granulomatose de Wegener	8943568
Gota	8543215
Lúpus	8543148
Periartrite	4548145
Periarterite nodosa	54321894
Reumatismo	5481543
Síndrome de Goodpasture	8491454

Síndrome de Reuter (artrite reativa)	**4848111**
Síndrome de Sjögren	**4891456**
Tenossinovite	**1489154**
Tromboangeíte obliterante	**8945482**
Vasculite sistêmica	**1894238**
Vasculite hemorrágica	**8491234**

DOENÇAS RESPIRATÓRIAS	CÓDIGOS
Doenças respiratórias (geral)	**5823214**
Alergia respiratória	**45143212**
Antracose	**5843214**
Asbestose	**4814321**
Asma brônquica	**8943548**
Aspergilose	**481543271**

Bronquiolite	**89143215**
Bronquite aguda	**4812567**
Bronquite crônica	**4218910**
Candidíase pulmonar	**4891444**
Carboconioses	**8148545**
Câncer de pulmão	**4541589**
Edema pulmonar	**54321112**
Enfisema pulmonar	**54321892**
Esclerose pulmonar	**9871234**
Infarto do pulmão	**89143211**
Insuficiência respi-ratória aguda	**1257814**
Metaloconiosis	**4845584**
Pleurisia	**4854444**
Pneumoconioses	**8423457**
Pneumoconioses de poeira orgânica	**4548912**
Pneumonia	**4814489**

Sarcoidose	**4589123**
Silicatose	**2224698**
Silicose	**4818912**
Síndrome de Rich (Alveolite)	**4814578**
Talcose	**4845145**
Tuberculose Pulmonar	**8941234**

DOENÇAS DO SISTEMA DIGESTIVO	CÓDIGOS
Doenças do sistema digestivo (geral)	5321482
Acalásia da cárdia / Espasmo na cárdia	4895132
Achylia Gástrica	8432157
Alergia alimentar	2841482
Amebíase	1289145
Amiloidose	5432185

Atonia aguda de estômago	**5485671**
Bauhinitis (inflamação da válvula ileocecal)	**58432148**
Beribéri	**3489112**
Bulbite	**5432114**
Cálculo biliar (colecistolitíase)	**0148012**
Cirrose hepática	**4812345**
Cirrose pigmentar (hemocromatose)	**5454589**
Colecistite aguda	**4154382**
Colecistite crônica	**5481245**
Cólicas	**51245424**
Cólica intestinal	**8123457**
Colite	**8454321**
Colite aguda	**5432145**
Colite crônica	**5481238**

Colite ulcerosa	**48143211**
Constipação (prisão de ventre)	**5484548**
Degeneração hepato-lenticular	**5438912**
Degeneração do fígado (hepatosis)	**9876512**
Distrofia alimentar (desnutrição)	**5456784**
Diarreia funcional	**81234574**
Disbacteriose intestinal	**5432101**
Discinesia das vias biliares	**58432144**
Discinesia espasmódica do esôfago (esofagismo)	**5481248**
Discinesia dos intestinos	**54321893**
Discinesia do trato digestivo	**8123457**

Dispepsia (indigestão)	**1112223**
Doença de Whipple (lipodistrofia intestinal)	**4814548**
Duodenite	**5432114**
Duodenite aguda	**481543288**
Duodenite crônica	**8432154**
Duodenostasis (estase duodenal)	**8123457**
Enterite / Gastroenterocolite / Ileite / Jejunite	**8431287**
Enterite crônica	**5432140**
Enterocolite	**8454321**
Enteropatia (deficiência de dissacaridases)	**4845432**
Enteropatia intestinal	**8432150**

Enteropatia por glúten (doença ciliáca)	**4891483**
Enteropatia exsudativa	**48123454**
Escorbuto	**5432190**
Esofagite	**54321489**
Espasmo do esôfago	**8123457**
Gastrite	**5485674**
Gastrite aguda / Fleimão	**4567891**
Gastrite crônica	**5489120**
Gastroenterite	**5485674**
Gastroptose	**81234574**
Hemocromatose / Diabetes Bronzeada	**5454589**
Hepatite	**5814243**
Hepatite aguda	**58432141**
Hepatite crônica	**5123891**
Hepatite viral A e B	**5412514**

Hepatose	**9876512**
Hepatose aguda	**1234576**
Hepatose gordurosa crônica / Fígado gorduroso / Esteatose	**5143214**
Hepatose colestática	**5421548**
Hiperbilirrubinemia funcional / Icterícia funcional	**84514851**
Hiperbilirrubinemia congênita funcional	**8432180**
Hiperbilirrubinemia (pós-hepática) icterícia obstrutiva	**8214321**
Hiperlipidemia essencial / Lipoidose	**4851888**
Hipovitaminose	**5154231**
Hipersecreção funcional do estômago	**5484214**
Hipertensão portal	**8143218**
Icterícia	**5432148**

Insuficiência do esfíncter miocárdio	**8545142**
Insuficiência hepática	**8143214**
Linfangiectasia intestinal	**5214321**
Obstrução parcial da artéria mesenterial	**5891234**
Pancreatite aguda	**4881431**
Pancreatite crônica	**5891432**
Pneumatose de estômago (gástrica)	**54321455**
Síndrome gastrocardíaca	**5458914**
Síndrome hepatolienal	**8451485**
Síndrome de insuficiência de absorção intestinal (má absorção)	**48543215**
Síndrome de hipertensão portal	**8143218**

Síndrome de má digestão (indigestão)	**9988771**
Síndrome pós-hepatite	**4812819**
SPRUE (não tropical ou celíaca)	**8432150**
SPRUE (tropical)	**5481215**
Tuberculose do sistema digestivo	**8143215**
Tumor carcinoide (síndrome carcinoide)	**4848145**
Úlceras estomacais sintomáticas 9671428	**9671428**
Úlcera do estômago e duodeno	**8125432**
Úlcera do intestino delgado	**48481452**
Úlcera péptica do esôfago	**8432182**

Zinga ("Moringa Oleifera") (Tem sete vezes mais vitamina C que a laranja; é excelente para a desnutrição como também no tratamento de várias doenças. As raízes são laxativas.)	**54321481**

DOENÇAS DOS RINS E DO TRATO URINÁRIO	CÓDIGOS
Doenças dos rins e do trato urinário (geral)	**8941254**
Adenoma da próstata	**51432144**
Amiloidose renal	**4512345**
Anomalias do sistema urinário	**1234571**
Cistite	**48543211**

Cólica renal	**4321054**
Doença renal policística (policistose renal)	**5421451**
Eclampsia Renal	**8149141**
Glomerulonefrite	**4812351**
Glomerulonefrite aguda	**4285614**
Hidronefrose	**5432154**
Insuficiência renal	**4321843**
Insuficiência renal aguda	**8218882**
Insuficiência renal crônica	**5488821**
Pedras nos rins (nefrolitíase)	**5432143**
Pielite	**P5432110**
Pielonefrite	**58143213**
Tuberculose renal	**5814543**

Uremia aguda	5421822
Uremia crônica	8914381
Uretrite	1387549

DOENÇAS DO SANGUE	CÓDIGOS
Doenças do sangue (geral)	1843214
Agranulocitose	4856742
Anemias	48543212
Anemia aplástica (hipoplasia)	5481541
Anemia hemolítica autoimune	5814311
Anemia sideroblástica congênita	4581254
Anemia por intoxicação e chumbo	1237819
Anemia hemolítica	5484813
Anemia megaloblástica	5481254

Anemia pós-hemorrágica aguda	**9481232**
Anemia falciforme	**7891017**
Doença de Gaucher	**5145432**
Diátese hemorrágica	**5148543**
Doença aguda caudada por radiação	**481543294**
Doença crônica causada por radiação	**4812453**
Elipocitose hereditária ou ovalocitose	**51454323**
Estomatocitose hereditária	**4814581**
Favismo	**54321457**
Hematoblastose extramedular (linfocitoma)	**54321451**
Hemoblastose paraproteinêmica (tumores no sistema linfático)	**8432184**
Hemoglobinúria paroxística noturna	**5481455**

Hipoprotrombinemia	**5481542**
Leucemia	**5481347**
Linfogranulomatoses	**4845714**
Mielocitose (leucemia, mieloide crônica)	**5142357**
Neutropenias hereditárias	**8432145**
Quimioterapia (efeitos colaterais)	**4812813**
Reação leucemoide	**5814321**
Talassemia	**7765437**
Telangiectasia hemorrágica hereditária (Síndrome de Rendu-Osler-Weber)	**54815438**
Trombocitopatia TPA	**5418541**
Trombofilia hematogênica	**4814543**

DESORDENS ENDÓCRINAS E METABÓLICAS	CÓDIGOS
Desordens endócrinas e metabólicas (geral)	1823451
Acromegalia	1854321
Bócio difuso tóxico (doença de Graves ou Basedow)	5143218
Bócio endêmico	5432178
Deficiência do hormônio de crescimento (nanismo hipofisário)	4141414
Desenvolvimento sexual prematuro	4814312
Distúrbios congênitos da diferenciação sexual	5451432
Dispituitarismo na puberdade	4145412
Diabetes insipidus	4818888
Diabetes mellitus	8819977

Feocromocitoma	**4818145**
Hiperinsulinismo / Hipoglecemia	**48454322**
Hiperparatireoidismo / Osteíte Fibrosa Cística	**5481412**
Hiperprolactinemia	**4812454**
Hipogonadismo (masculino)	**48143121**
Hipoparatireoidismo (tetania)	**4514321**
Hipotiroidismo (mixedema)	**4812415**
Hipopituitarismo (panhipopituitarismo, doença de Simmond)	**48143214**
Insuficiência adrenal (supra renal)	**4812314**
Obesidade	**4812412**
Síndrome de Cushing	**54321458**

Tireoidite	4811111

DOENÇAS OCUPACIONAIS	CÓDIGOS
Doenças ocupacionais (geral)	4185481
Causadas pela ação de fatores físicos	4514541
Causadas pela ação de fatores químicos	9916515
Causadas pela sobrecarga (fadiga) de órgãos e sistemas individuais	4814542
Causados por fatores biológicos (exemplo: ação da umidade, mofo)	81432184

INTOXICAÇÕES	CÓDIGOS
Intoxicações agudas (geral)	4185412
Choque exotóxico ou séptico	4185421
Distúrbios psico-neuróticos causados por intoxicações	9977881
Intoxicações agudas peroral (toxicidade oral)	5142154
Intoxicações agudas percutâneas	4814823
Intoxicações agudas por injeção	4818142
Intoxicações agudas inalativas	4548142
Lesão renal	5412123
Lesão hepática	48145428
Picadas de tarântula	8181818

DOENÇAS INFECCIOSAS	CÓDIGOS
Doenças infecciosas (geral)	5421427
AIDS (Síndrome da imunodeficiência adquirida) HIV positivo	5148555
Amebíase (disenteria amebiana)	1289145
Alveococcosis	5481454
Ancilostomíase	4815454
Anthrax (carbúnculo)	9998991
Ascaridíase	4814812
Balantidíase	1543218
Botulismo	5481252
Brucelose	4122222
Campilobacteriose	4815421
Catapora ou varicela	48154215

Cisticercose (ovos da tênia)	**4512824**
Clonorquíase	**5412348**
Cólera	**4891491**
Caxumba (parotidite epidêmica)	**3218421**
Coqueluche	**4812548**
Disenteria (Shigelose)	**4812148**
Difilobotríase	**4812354**
Difteria	**5556679**
Doença da arranhadura do gato ou linfadenite regional	**48145421**
Doença de Brill--Zinsser (tifo recidivo)	**514854299**
Doença meningocócica	**5891423**
Encefalite transmitida por carrapatos	**7891010**

Enterobiose	**5123542**
Enterovírus	**8123456**
Equinococose	**5481235**
Erisipela	**4123548**
Escarlatina	**5142485**
Escherichioses	**1238888**
Esplenite	**9998991**
Estrongiloidose	**54812527**
Fasciolíase	**4812542**
Febre aftosa	**9912399**
Febre hemorrágica / Ebola	**5184599**
Febre hemorrágica	**5124567**
Febre Q (causada por Rickettsia aguda)	**5148542**
Giardíase	**5189148**
Gripe / Influenza	**4814212**

Helmintíases	**5124548**
Hepatite viral A e B (Doença Botkin)	**5412514**
Herpes simplex	**2312489**
Herpes Zóster	**51454322**
Himenolepíase	**54812548**
Infecções respiratórias agudas	**48145488**
Infecções fúngicas	**5674563**
Intoxicações bacteriana alimentar	**5184231**
Leishmaniose	**5184321**
Lepra / Hanseníase	**148543294**
Leptospirose	**5128432**
Listeriose	**5812438**
Malária	**5189999**
Metagonimíase (helmintose)	**54812541**

Micoplasmose	**5481111**
Mononucleose infecciosa	**5142548**
Opistorchosis	**5124542**
Ornitose	**5812435**
Parapertussis / Paracoqueluche	**2222221**
Pediculose (piolhos)	**48148121**
Peste	**8998888**
Pneumonia causada por legionella (Legionelose)	**5142122**
Pseudo-tuberculose	**514854212**
Raiva (hidrofobia)	**4812543**
Rotavírus	**5148567**
Rubéola	**4218547**
Salmonelose	**5142189**
Sarampo	**4214825**

Schistosoma	**48125428**
Tênia saginata	**4514444**
Teníase	**4855555**
Tétano	**5671454**
Tifo / Febre paratifoide	**1411111**
Tifo Epidêmico ou tifo exantemático (transmitido pelo piolho do corpo humano)	**1444444**
Tifo exantemático abdominal	**5189499**
Toxoplasmose	**8914755**
Tricocefalíase	**4125432**
Tricostrongiloidose	**9998888**
Triquinose	**7777778**
Tularemia	**4819489**
Varíola	**4848148**

Yersiniose	5123851

INSUFICIÊNCIA DE VITAMINAS	CÓDIGOS
Doenças de insuficiência de vitaminas (geral)	1234895
(avitaminoses)	5451234
Hipo polivitaminoses (hipovitaminose)	4815432
Hipovitaminoses	5154231
Deficiência de vitamina A (retinol)	4154812
Deficiência da vitamina de B1 (tiamina)	1234578
Deficiência de vitamina B2 (riboflavina)	1485421
Deficiência de vitamina B6	9785621

Deficiência de vitamina B3 e PP (ácido nicotínico)	**1842157**
Deficiência de vitamina B12	**4978514986497 198148914871**
Deficiência de vitamina C	**4141255**
Deficiência de vitamina D	**5421432**
Deficiência de vitamina K	**4845414**

DOENÇAS INFANTIS	CÓDIGOS
Doenças infantis (geral)	**18543218**
Alergias respiratórias	**45143212**
Anemia	**48543212**

Anemia por falta de ferro	**1458421**
Anemia tóxica hemo-lítica	**45481424**
Asma brônquica	**58145428**
Aspiração de corpos estranhos	**4821543**
Bronquite aguda	**5482145**
Bronquite alérgica	**5481432**
Cardiopatias congê-nitas	**14891548**
Condição subfebril em crianças	**5128514**
Déficit de alfa 1-an-tripsina	**1454545**
Diabetes insipidus renal	**5121111**
Diabetes mellitus	**4851421**
Diabetes fosfato	**5148432**
Diátese alérgica	**0195451**

Diátese hemorrágica	**0480421**
Diátese Linfática	**5148548**
Dispepsia Parental	**8124321**
Dispepsia Simples	**5142188**
Dispepsia tóxica	**514218821**
Distonia vegeto vascular	**514218838**
Doença celíaca	**4154548**
Doença hemolítica em recém-nascido	**5125432**
Doença hemorrágica em recém-nascido	**5128543**
Enteropatia exsudativa	**4548123**
Espasmofilia	**5148999**
Espasmos	**51245424**
Espasmo no piloro	**5141482**
Estenose no piloro	**5154321**

Fenilcetonúria	**5148321**
Fibrose cística ou mucoviscidose	**9154321**
Galactosemia	**48125421**
Glicosúria renal	**5142585**
Glomerulonefrite Difusa	**5145488**
Hemofilia	**548214514**
Hepatite	**5814243**
Hipertensão da veia porta	**45143211**
Hipervitaminose D	**5148547**
Hipotireoidismo	**4512333**
Histiocitose X	**5484321**
Icterícia neonatal	**4815457**
Infecções estafilocócicas	**5189542**
Insuficiência coronária congênita	**14891548**

Laringite alérgica	**58143214**
Laringite estenose	**1489542**
Leucemia	**5481347**
Nefrite congênita	**5854312**
Pneumonia alérgica	**51843215**
Pneumonia crônica	**51421543**
Pneumonia em recém--nascido	**5151421**
Pneumonia nodular fina	**4814489**
Poliartrite crônica inespecífica	**8914201**
Pseudo-hipoaldoste-ronismo / Diabete renal de sal	**3245678**
Pseudolaringite / Falso crupe	**5148523**
Raquitismo	**5481232**
Reumatismo	**5481543**

Rinite e sinusite alérgica	**5814325**
Sepse neonatal	**4514821**
Síndrome adrenogenital	**45143213**
Síndrome alcoólica fetal	**4845421**
Síndrome de angústia respiratória em recém-nascidos	**5148284**
Síndrome Debré-Fanconi (perda de sal adrenogenital)	**4514848**
Síndrome de má absorção	**4518999**
Síndrome tóxica	**5148256**
Subsepesis de Wissler Fanconi (forma específica de artrite reumatoide)	**5421238**
Traqueite alérgica	**514854218**
Trauma intracraniano durante o nascimento	**518999981**
Tuberculose	**5148214**

Intoxicação precoce por tuberculose	1284345
Vasculite hemorrágica (doença de Schönlein Henoch)	5128421
Vômito	1454215

CIRÚRGICAS NA INFÂNCIA	CÓDIGOS
Condições cirúrgicas na infância (geral)	5182314
Angioma	4812599
Apendicite	9999911
Abscesso (fleimão) em recém-nascidos	51485433
Atresia do ânus e reto	6555557
Atresia das vias biliares	9191918
Atresia do intestino delgado	9188888

Atresia e estenose do duodeno	**5557777**
Atresia do esôfago	**8194321**
Divertículo de Meckel (no íleo)	**4815475**
Estenose pilórica	**5154321**
Hematoma cefálico	**48543214**
Hemorragia gastrointestinal	**5121432**
Hérnia de diafragma	**5189412**
Hérnia de umbigo embrionária	**5143248**
Invaginação	**5148231**
Osteomielite com foco de pus na epífise	**12345895**
Palato leporino	**5151515**
Queimação do esôfago por químicos	**5148599**
Teratoma na área do cóccix	**481543238**

DESORDENS GINECOLÓGICAS E OBSTÉTRICAS	CÓDIGOS
Desordens ginecológicas e obstétricas (geral)	**1489145**
Amenorreia	**514354832**
Anestesia durante o parto	**5421555**
Anexite (inflamação do ovário)	**5143548**
Anomalias durante o parto	**14891543**
Apoplexia dos ovários	**1238543**
Asfixia do feto e recém-nascido	**4812348**
Bartolinite	**58143215**
Câncer nos órgãos femininos	**5148945**
Ciclo anovulatório	**4813542**

Cisto ovariano	**5148538**
Coceira	**5414845**
Colpite	**5148533**
Corionepitelioma (córion carcinoma)	**4854123**
Corte asséptico do cordão umbilical	**0123455**
Craurose vulvar	**58143218**
Descolamento prematuro da placenta	**1111155**
Determinar data do nascimento	**1888711**
Dismenorreia (menstruação difícil, com cólicas)	**4815812**
Doenças das glândulas mamárias (pouco leite)	**48123147**
Doenças femininas	**1854312**
Embolia do líquido amniótico	**5123412**

Endocervicite	**4857148**
Endometriose	**5481489**
Endometrite	**8142522**
Erosão do colo do útero	**54321459**
Esclerocistose no ovário (Stein-Leventhal)	**518543248**
Excesso de líquido amniótico	**5123481**
Gonorreia na mulher	**5148314**
Gravidez	**1899911**
Gravidez extrauterina	**4812311**
Gravidez múltipla	**123457854**
Gravidez prolongada	**5142148**
Hemorragia uterina disfuncional	**4853541**
Hemorragias ginecológicas	**4814821**
Infertilidade	**9918755**

Leucoplasia da vulva e colo do útero	5185321
Menopausa / Neuroses do climatério	4851548
Mioma no útero	51843216
Mola cística	4121543
Nascimento prematuro	1284321
Ooforite	5143548
Parametrite	5143215
Pelve anatomicamente estreita	4812312
Pelve clinicamente estreita 4858543 Pelve clinicamente estreita	4858543
Pélve estreita	2148543
Período pós-parto normal (período de 6-8 semanas)	12891451
Período pós-parto patológico	41854218

Placenta prévia	**1481855**
Pólipos no colo e corpo do útero	**518999973**
Prolapso de cordão umbilical	**1485432**
Prolapso do útero e da vagina / Útero caído	**514832183**
Ruptura da genitália	**148543291**
Salpingite	**5148914**
Síndrome Adrenogenital	**148542121**
Síndrome pré-menstrual (TPM)	**9917891**
Toxicose durante gravidez	**1848542**
Tuberculose genital	**8431485**
Vaginite (coleitis)	**5148533**
Vulvite	**5185432**
Vulvovaginite	**5814513**

DOENÇAS NEUROLÓGICAS	CÓDIGOS
DOENÇAS NEUROLÓGICAS (geral)	148543293
Abscessos cerebrais	1894811
Amiotrofia espinhal	5483312
Amiotrofia peroneal (Charcot-Marie)	4814512
Aneurisma cerebral	1485999
Aracnoidite	4567549
Atetose	1454891
Autismo	428 516 319017
AVC cerebral	4818542
AVC espinhal	8888881
Cefaleia	4818543
Coma	1111012
Coreia	4831485

Danificação nervosa provocada por reumatismo	**8185432**
Distrofia hepatocerebral	**48143212**
Desmaio (síncope)	**4854548**
Distrofia muscular progressiva	**85432183**
Distúrbios do sono	**514248538**
Encefalite viral	**48188884**
Enxaqueca (neuralgia migranosa)	**4851485**
Enxaqueca (hemicrania)	**4831421**
Epidurite (abscesso epidural)	**888888149**
Epilepsia	**1484855**
Esclerose lateral amiotrófica (doença neuromotora)	**5148910**
Esclerose múltipla	**51843218**

Facomatose	**5142314**
Herpes Zóster	**5144322**
Hidrocefalia	**81432143**
Lesão cerebral traumática	**51843213**
Meningite	**51485431**
Miastenia	**9987542**
Mielite	**4891543**
Mielite funicular (esclerose póstero-lateral)	**518543251**
Mielopatia	**51843219**
Miotonia congênita (Síndrome de Thomsen)	**4848514**
Miotonia distrófica (Síndrome Kurschmann-Steinert)	**481543244**
Mononeuropatia (neurite e neuralgia)	**4541421**
Narcolepsia 48543216	**48543216**

Neuralgia do trigêmeo	**5148485**
Neurossífilis	**5482148**
Oftalmoplegia	**4848532**
Paralisia cerebral infantil	**4818521**
Paralisia facial (neuropatia do nervo facial)	**518999955**
Paralisia periódica hereditária	**5123488**
Parkinson	**5481421**
Polineuropatia (polineurite)	**4838514**
Poliomielite (paralisia infantil)	**2223214**
Radiculopatia discogênica dos discos intervertebrais	**5481321**
Síndrome astênico	**1891013**
Síndrome de Eidi	**18543211**

Síndrome diencefálica (hipotálamo)	514854215
Síndrome Guillain-Barre	4548128
Síndrome Pós-Punção	818543231
Siringomielia	1777771
Tumor cerebral	5451214
Tumor no cérebro e medula espinhal	5431547
Tumores da medula espinhal	51843210
Tumores do sistema nervoso periférico	514832182
Tremor	3148567
Vertigem / Tontura	514854217

DESORDENS PSIQUIÁTRICAS	CÓDIGOS
Desordens psiquiátricas (geral)	8345444

Alcoolismo	**148543292**
Alucinose	**4815428**
Alzheimer / Demência senil	**481854383**
Bipolaridade / Psicose maníaco-depressiva (MDP)	**514218857**
Compulsivo / Obsessão / Delírio	**8142543**
Defeito mental	**8885512**
Encefalopatia pós-traumática	**18543217**
Esquizofrenia	**1858541**
Hipocondria	**1488588**
Neurose	**48154211**
Oligofrenia (demência, retardo Mental)	**1857422**
Paralisia progressiva	**512143223**
Perda de consciência (consciência nebulosa, desequilíbrio, tontura)	**4518533**

Psicopatia	**4182546**
Psicose por intoxicação	**1142351**
Psicose pré-senil (involutiva)	**18543219**
Psicose reativa	**0101255**
Psicose sintomática	**8148581**
Síndrome afetiva	**548142182**
Síndrome amnésica	**4185432**
Síndrome catatônica	**51843214**
Síndrome delirante (ilusão)	**8142351**
Síndrome histérica	**5154891**
Síndrome psico-orgânica	**51843212**
Hipervalorização de ideias e talentos	**148454283**
Sintomas negativos (déficit)	**5418538**

Vício tóxico-dependente (abuso de substâncias)	**5333353**
Vício em nicotina, substâncias e drogas	**1414551**

TRANSTORNOS SEXUAIS	CÓDIGOS
Transtornos sexuais (geral)	**1456891**
Distúrbios de ejaculação	**1482541**
Distúrbios de ereção	**184854281**
Distúrbios sexuais neuro-humorais	**1888991**
Distúrbios sexuais	**1818191**
Distúrbios sexuais imaginários	**1484811**
Distúrbios sexuais mentais (psicológicos)	**2148222**

Frigidez (frigidez sexual)	5148222
Hipersexualidade	5414855
Impotência	8851464
Masturbação (onanismo)	0021421
Vaginismo	5142388

DOENÇAS DERMATO-LÓGICAS E VENÉREAS	CÓDIGOS
Doenças dermatológicas e venéreas (geral)	18584321
Actinomicose da pele	148542156
Acne vulgar / Cravos	514832185
Alopecia (calvície)	5484121
Angiite da pele	1454231
Balanopostite	5814231
Cancro mole	4815451

Cândida (candidíase)	**9876591**
Coceira da pele (prurido)	**1249812**
Dermatite	**1853121**
Dermatite atópica	**5484215**
Dermatofitose (frieira)	**5148532**
Dermatomicose / Microsporum	**1858321**
Eczema	**548132151**
Epizoonose (causada por sarna)	**5189123 / 8132548**
Eritema exsudativo multiforme	**548142137**
Eritema nodoso	**15184321**
Eritrasma	**4821521**
Gonorreia (feminina)	**5148314**
Gonorreia (masculina)	**2225488**
Ictiose	**9996789**

Lepra / Hanseníase	148543294
Linfogranulomatose inguinal	1482348
Mastocitose	148542171
Micose crosta / favo	4851481
Micose fungoide	4814588
Molusco contagioso	514321532
Neurodermite	1484857
Pioderma	51432149
Pitiríase rosada	5148315
Pitiríase vermelho liso	4858415
Pitiríase versicolor (pano branco)	18543214
Prurigo nodular	5189123
Psoríase	999899181
Pênfigo (fogo selvagem)	8145321

Rubromicose (micose dos pés)	4518481
Rosacea	518914891
Sarna	8132548
Seborreia	1234512
Sífilis	1484999
Síndrome de Lyell	4891521
Síndrome de Stevens-Johnson (eritema multiforme)	9814753
Toxicoderma	514832184
Tricofitose	4851482
Tuberculose da pele	148543296
Tumores na pele	1458914
Urticária	1858432
Verrugas	5148521
Vasculite da pele	5142544

Vitiligo	4812588
Verrugas Genitais / Condilomas	1489543

DOENÇAS CIRÚRGICAS	CÓDIGOS
Doenças cirúrgicas (geral)	18574321
Abscesso	8148321
Actinomicose	4832514
Adenoma da próstata	51432144
Amputação traumática	5451891
Aneurisma	48543218
Aneurisma do coração	9187549
Anquilose	1848522
Apendicite aguda	54321484
Atresia congênita das vias biliares em recém-nascidos	948514211

Atresia do esôfago	**518543157**
Bronquiectasia	**4812578**
Bursite	**75184321**
Carbúnculo (abscesso)	**483854381**
Choque elétrico	**5185431**
Choque traumático	**1454814**
Cisto epitelial (pilonidal) do cóccix	**9018532**
Cisto da glândula mamária	**4851432**
Cisto sebáceo / Ateroma	**888888179**
Cistos e fístulas na lateral do pescoço	**514854214**
Cistos e fístulas no centro pescoço	**4548541**
Cistos pulmonares congênitos	**4851484**
Colangite	**8431548**
Colecistite aguda	**4154382**

Colecistolitíase / Cálculos biliares	**0148012**
Colite ulcerativa	**48143211**
Congelamento	**4858514**
Contratura de Dupuytren	**5185421**
Contratura das Articulações	**8144855**
Contusão (hematoma)	**0156912**
Corpos estranhos no esôfago	**14854321**
Corpos estranhos no estômago	**8184321**
Corpos estranhos nos brônquios	**5485432**
Corpos estranhos nos tecidos moles	**148543297**
Criptorquidia	**485143287**
Danos nos órgãos internos 5432188 /	**5432188 / 8914319**
Divertículo	**48543217**

Diverticulose do cólon	**4851614**
Doenças cirúrgicas em recém-nascidos	**514218871**
Doenças cirúrgicas de adulto	**5843215**
Doenças cirúrgicas dos órgãos da cavidade abdominal	**5184311**
Doenças cirúrgicas dos órgãos da cavidade torácica	**5184312**
Doença de Crohn	**94854321**
Doenças inflamatórias com pus	**514852171**
Doenças traumáticas e ortopédicas	**1418518**
Dor abdominal aguda	**5484543**
Empiema Pleural / Pleurite purulenta	**514854223**
Endarterite obliterante	**4518521**

Escara	**6743514**
Estenose no piloro	**81543211**
Feridas	**5148912**
Fibroadenoma de mama	**4854312**
Fimose e Parafimose	**0180010**
Fissura anal	**81454321**
Fístula retal	**5189421**
Fístula traqueoesofágica	**514854714**
Flebotrombose	**1454580**
Fleimão (furúnculo / abscesso)	**48143128**
Fleimão necrosante em recém-nascidos	**514852173**
Fraturas	**7776551**
Furúnculo	**5148385**
Gangrena gasosa	**41543218**
Gangrena pulmonar	**4838543**

Ginecomastia	**4831514**
Hemartrose	**7184321 / 4857543**
Hemorragia externa	**4321511**
Hemorragia interna	**5142543**
Hemorroidas	**58143219**
Hérnia	**95184321**
Hérnia de disco / Radiculopatia discogênica	**5481321**
Hérnia diafragmática congênita	**518543257**
Hidrocele testicular e canal seminífero	**481543255**
Icterícia obstrutiva	**8012001**
Inflamação das glândulas sudoríparas (hidroadenite)	**4851348**
Leiomioma	**55114214**

Lesão músculoesqueléticas (doenças do aparelho motor e de sustentação)	514218873
Linfadenite	4542143
Linfangite	484851482
Lipoma	4814842
Mastite	514854238
Mastopatia	84854321
Mediastinite	4985432
Megacólon	4851543
Oclusão das artérias mesentéricas	81543213
Oclusão intestinal	4548148
Orquiepididimite	818432151
Osteomielite hematogênica aguda	5141542
Osteomielite traumática	514854221

Panarício	**8999999**
Pancreatite aguda	**4881431**
Paraproctite aguda	**4842118**
Peritonite	**1428543**
Peritonite em recém-nascidos	**4184321**
Piopneumotórax	**148543299**
Pneumotórax espontâneo	**481854221**
Pneumotórax	**5142147**
Pólipo	**4819491**
Prolapso do reto	**514832187**
Prostatite	**9718961**
Pseudoartrose (falsa articulação)	**4814214 / 8214231**
Queimadura cutânea	**8191111**
Retenção urinária aguda	**0144444**

Rompimento do menisco	**8435482**
Síndrome de Dumping	**4184214**
Síndrome pós-cole-cistectomia	**4518421**
Síndrome de Zollinger-Ellison	**148543295**
Tromboangeíte	**5432142**
Tromboflebite	**1454580**
Tuberculose dos ossos	**148543281**
Úlcera péptica penetrante	**9148532**
Úlcera perfurante	**8143291**
Úlceras tróficas	**514852154**
Unha encravada	**4548547**
Uretrite	**1387549**
Varicocele	**81432151**
Varizes de membros inferiores	**4831388**

DOENÇAS DO OUVIDO, NARIZ E GARGANTA	CÓDIGOS
Doenças do ouvido, nariz e garganta (geral)	**1851432**
Abscesso retrofaríngeo	**1454321**
Adenoides	**5189514**
Aerosinusite	**514854237**
Amigdalite / tonsilite aguda	**1999999**
Amigdalite crônica / tonsilite crônica	**35184321**
Atresia e sinéquia da cavidade nasal	**1989142**
Cera no ouvido	**48145814**
Corpos estranhos no ouvido	**54321545**
Doença de Meniere	**514854233**

Desvio do septo nasal	**148543285**
Diafragma da Glote	**148543283**
Doença da Trompa de Eustáquio / Eustaquiite	**18554321**
Edema de Glote (laringe)	**2314514**
Escleroma	**0198514**
Espasmo na laringe	**485148248**
Estenose na glote	**7654321**
Estridor laríngeo congênito	**4185444**
Faringite	**1858561**
Fibroma de nasofaringe	**1111122**
Furúnculo na entrada das narinas	**1389145**
Hematoma do septo nasal	**5431482**
Hipertrofia das amígdalas palatinas	**4514548**

Labirintite	**48154219**
Laringite	**4548511**
Lesões no ouvido	**4548515**
Mastoidite aguda	**514832186**
Micose na faringe	**1454511**
Otite	**55184321**
Otoantrite (mastoidite crônica)	**1844578**
Oto-hematoma (hematoma auricular)	**4853121**
Otomicose	**514832188**
Otosclerose	**4814851**
Ozaena (rinite atrófica / resfriado fétido)	**514854241**
Paresia e paralisias na glote	**1854555**
Pólipos do nariz	**5519740**
Rinite / Resfriado / Coriza	**5189912**

Rinite alérgica vasomotora	514852351
Sangramento do nariz (epistaxe)	65184321
Sepsemia otogênica	5900001
Sinusite	1800124
Mucocele / Piocele dos seios paranasais	5148322
Tumores na laringe	5148742
Tuberculose da laringe	5148541
Zumbido (neurite coclear)	1488513

DOENÇAS DOS OLHOS	CÓDIGOS
Doenças dos olhos (geral)	1891014
Ambliopia (olho preguiçoso)	1899999
Astenopia	9814214
Astigmatismo	1421543

Atrofia do nervo óptico	**5182432**
Blefarite	**5142589**
Catarata	**5189142**
Cegueira noturna (hemeralopia)	**5142842**
Conjuntivite	**5184314**
Conjuntivite da primavera	**514258951**
Ceratite ou queratite	**518432114**
Calázio (Gradina)	**5148582**
Coroidite	**5182584**
Dacriocistite	**45184321**
Descolamento de retina	**1851760**
Endoftalmite	**514254842**
Esclerite / Episclerite	**514854248**
Estrabismo	**518543254**

Pálpebra virada para fora	**5142321**
Exoftalmia	**5454311**
Glaucoma	**5131482**
Hipermetropia	**5189988**
Irite	**5891231**
Luxação do cristalino	**25184321**
Lesões do globo ocular	**518432118**
Miopia	**548132198**
Neurite do nervo óptico	**5451589**
Obstrução da artéria central da retina	**514852178**
Obstrução da veia central da retina	**7777788**
Oftalmia por luz intensa	**5841321**
Oftalmia simpática ou iridociclite	**8185321**

Oftalmoplegia	**4848532**
Panoftalmite	**5141588**
Papiledema (inchaço do disco óptico)	**145432152**
Presbiopia	**1481854**
Pterígio	**18543212**
Ptose (pálpebra superior caída)	**18543121**
Queimaduras oculares	**8881112**
Retinite	**5484512**
Terçol	**514854249**
Tracoma	**5189523**
Úlcera de córnea / Queratoconjuntivite ulcerativa	**548432194**
Uveíte	**548432198**

DOENÇAS DOS DENTES E CAVIDADE ORAL	CÓDIGOS
Doenças dos dentes e cavidade oral (geral)	1488514
Abscesso perto do maxilar (seios paranasais)	518231415
Alveolite	5848188
Anquilose da articulação temporo-mandibular	514852179
Artrite têmporo-mandibular	548432174
Cárie dentária	5148584
Cistos no maxilar	514218877
Dentição	18543218
Dor de dente aguda	5182544
Doença periodontal	58145421
Estomatite	4814854

Fleimão (abscesso) na região maxilofacial	**5148312**
Fratura da mandíbula	**5182148**
Fratura de dente	**814454251**
Gengivite	**548432123**
Glossalgia (dor na língua)	**514852181**
Glossite	**1484542**
Hemorragia após a operação de remoção de dente	**8144542**
Hipersensibilidade (hiperestesia dos dentes)	**1484312**
Hipoplasia de esmalte	**74854321**
Infecção focal dentária	**514854814**
Leucoplasia	**485148151**
Luxação da ATM (articulação temporo-mandibular)	**5484311**

Luxação do dente	**485143277**
Neuralgia do trigêmeo	**5148485**
Osteomielite de mandíbula	**5414214**
Papilite	**5844522**
Periodontite	**5182821**
Parodontite/Parodontose	**58145421**
Pericoronarite	**5188888**
Periodontite apical	**3124601**
Pulpite	**1468550**
Queilite (boqueira)	**518431482**
Tártaro	**514852182**
Xerostomia	**5814514**

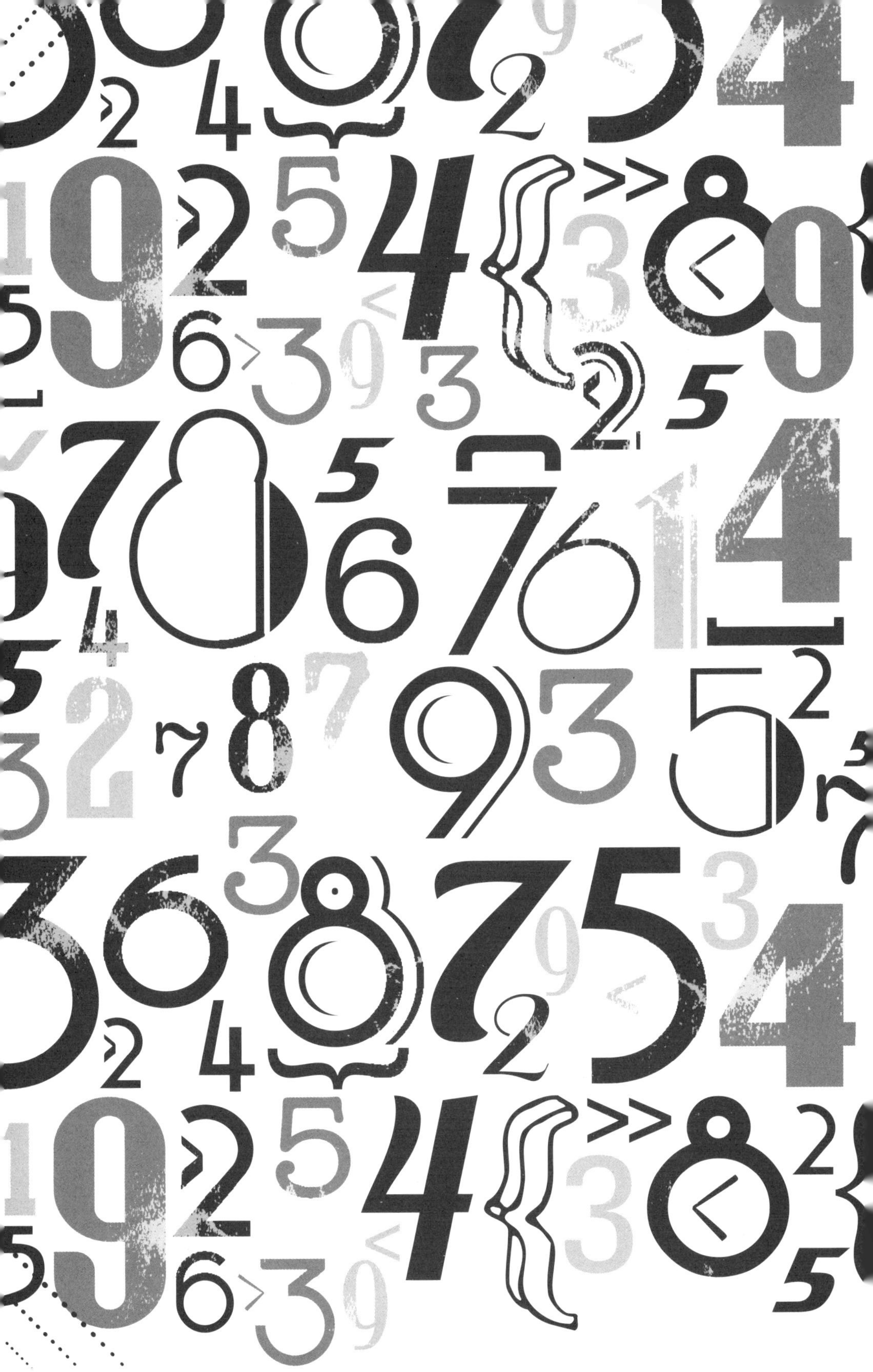

Antes de me despedir espero que saiba o quanto é importante dedicar algum tempo para colocar em prática o conteúdo disponibilizado aqui. Transformações incríveis acontecem quando o pensamento se coloca em sintonia com a fonte eterna de prosperidade, luz, saúde e amor! Não há escassez na fonte, nem dor, não há limitação porque tudo é contemplação e aprendizado.

Se estas palavras não são inéditas espero que agora elas ganhem o verdadeiro significado em teu coração. Saiba que os números apresentados neste livro são fruto de muito estudo e que visam exatamente limpar nossos códigos genéticos e cargas emocionais que carregamos desde nossos antepassados.

Muitas pessoas me perguntam "Diego, mas por que números?"! E a resposta é: números são precisos e não estão vinculados a sentimentos bloqueadores de dúvida, preocupação ou insegurança. É justamente por esta razão que Grigori Grabovoi ganhou destaque no cenário global, a exatidão matemática é algo incontestável e é o que vemos no guia que ele construiu. Os códigos e as frequências que eles acessam trabalham como ponte entre o que somos e o que desejamos.

Por estar envolvido diretamente na propagação deste aprendizado pelo mundo e aplicá-lo cotidianamente na minha vida pessoal tenho certeza que se colocar em prática o que foi explicado neste livro uma nova realidade cheia de possibilidades estará ao teu alcance.

Quantos anos você passou construindo barreiras? Acreditando em afirmações destrutivas, impondo condições para a felicidade? Quanto mais vai ter que esperar até que tudo isto acabe? Decida hoje, comece agora, tudo que você quer já existe dentro de você: saúde, harmonia, paz, confiança, bondade, amor, idéias, prosperidade!

Não espere nem mais um minuto, aproveite o conteúdo e tudo que chegará para você através dele!

Este é meu desejo profundo e é por isto que acredito nessa missão.

Aproveite os códigos e tenha uma vida extraordinária!

Um grande abraço!
Diego Araújo

REFERÊNCIAS BIBLIOGRÁFICAS

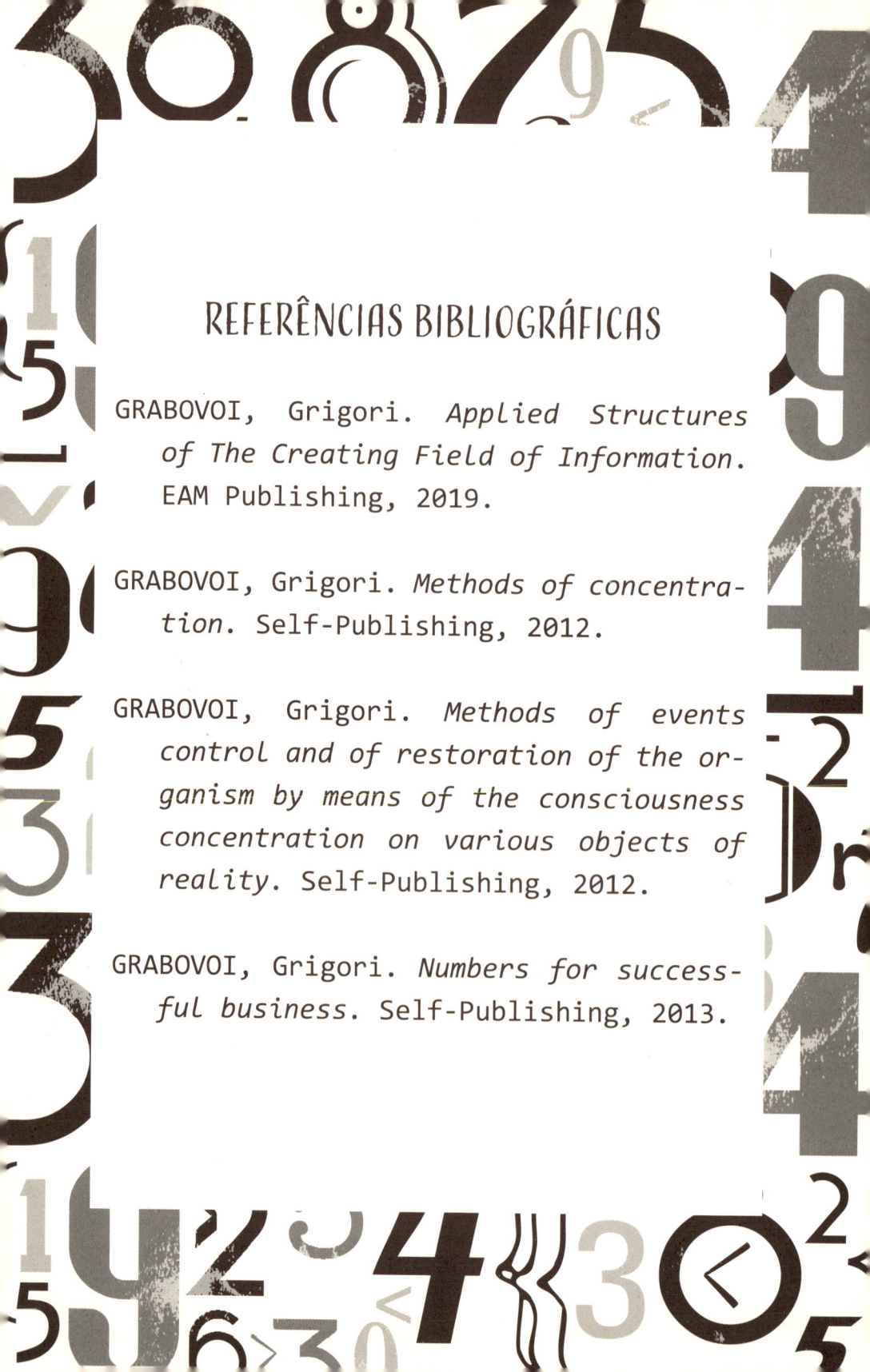

GRABOVOI, Grigori. *Applied Structures of The Creating Field of Information*. EAM Publishing, 2019.

GRABOVOI, Grigori. *Methods of concentration*. Self-Publishing, 2012.

GRABOVOI, Grigori. *Methods of events control and of restoration of the organism by means of the consciousness concentration on various objects of reality*. Self-Publishing, 2012.

GRABOVOI, Grigori. *Numbers for successful business*. Self-Publishing, 2013.

GRABOVOI, Grigori. *The Numerical Rows Of Psychological Normalization*. Self-Publishing, 2012.

GRABOVOI, Grigori. *The Teachings of Grigori Grabovoi*. Self-Publishing, 2015.

GRABOVOI, Grigori. *Unified System Of Knowledge*. Self-Publishing, 2012.

SMIRNOVA, Svetlana; JELEZKY, Sergey. *Introduction to the Methods of Grigori Grabovoi*. Jelezky Publishing, 2014.

SMIRNOVA, Svetlana; JELEZKY, Sergey. *Methods of Healing through the Application of Consciousness*. Jelezky Publishing, 2014.

Transformação pessoal, crescimento contínuo, aprendizado com equilíbrio e consciência elevada.

Essas palavras fazem sentido para você?

Se você busca a sua evolução espiritual, acesse os nossos sites e redes sociais:

iniciados.com.br
luzdaserra.com.br
loja.luzdaserraeditora.com.br

luzdaserraonline
editoraluzdaserra

luzdaserraeditora

luzdaserra

Luz da Serra® EDITORA

Avenida 15 de Novembro, 785 – Centro
Nova Petrópolis / RS – CEP 95150-000
Fone: (54) 3281-4399 / (54) 99113-7657
E-mail: loja@luzdaserra.com.br